Kleinkindschwimmen

*„(...) es war eine Gunst des Wassers, seine Großzügigkeit,
daß es unseren kleinen Körpern gestattete, Könige zu sein,
die spritzend, platschend und prustend über das Wasser herrschten,
während unter unsern strampelnden und paddelnden kleinen Füßen
der sanfte Strom des Wassers gleichmütig und unaufhaltsam
seiner eigenen Richtung folgte.“*

(DÜFFEL von, 2000, 15)

Danksagung

Mein besonderer Dank gilt
meinem persönlichen Lektor, Herrn Gottfried Ahrendt,
der Fotografin Frau Mathilde Kohl
und den zahlreichen Eltern und Kindern,
die bei den Fotoaufnahmen bereitwillig mitwirkten.

Dr. Lilli Ahrendt

Anmerkung – Abgrenzung vom ersten Buch:

Während im Buch **Säuglingsschwimmen** die Kindesentwicklung im ersten Lebensjahr und die entwicklungsentsprechende Bewegungsförderung thematisiert werden, werden im vorliegenden Buch die Kindesentwicklung und die methodisch-didaktischen Inhalte des Schwimmens für das zweite (Kleinstkind) und dritte Lebensjahr (Kleinkind) zusammengefasst, da die Grenzen zwischen Kleinst- und Kleinkindalter fließend verlaufen.

Allgemeiner Hinweis:

Im Buch wird der Begriff *Eltern* für Mutter und Vater sowie für eine gegebenenfalls. andere mit dem Kleinkind am Schwimmen teilnehmende Bezugsperson verwendet.
Die Verwendung des männlichen Fürworts und Geschlechts in diesem Text gilt der Einfachheit halber gleichzeitig auch für das weibliche Fürwort und Geschlecht und stellt kein Präjudiz dar.

Lilli Ahrendt

KLEINKINDSCHWIMMEN

GRUNDLAGEN ZUR KINDESENTWICKLUNG UND -FÖRDERUNG DURCH ELTERN-KIND-SCHWIMMEN IM 2. UND 3. LEBENSJAHR

Mit Fotos von Mathilde Kohl

Meyer & Meyer Verlag

Die Deutsche Bibliothek – CIP-Einheitsaufnahme

Kleinkindschwimmen / Lilli Ahrendt.
1. Aufl. – Aachen : Meyer und Meyer, 2002
(Edition Bewegungsraum Wasser; 4)
ISBN 3-89124-904-7

© 2002 by Meyer & Meyer Verlag, Aachen
Adelaide, Auckland, Budapest, Graz, Johannesburg, Miami,
Olten (CH), Oxford, Singapore, Toronto
Member of the World
Sportpublishers' Association (WSPA)
Druck: Druckerei Vimperk AG
ISBN 3-89124-904-7
E-Mail: verlag@meyer-meyer-sports.com

Inhalt

Bewegungsraum Wasser

Vorwort des Herausgebers

Obwohl das Kleinkind im zweiten und dritten Lebensjahr sich die Welt überwiegend auf dem festen Land erschließt, bildet das Wasser auch für dieses Alter einen idealen Bewegungsraum.

Anders als beim Säugling unterliegt die Bewegungssteuerung des Kleinkindes schon weit gehend der eigenen Willkür. Das Wasser als nachgiebig-flüssiges und auftreibendes Element bietet unaustauschbare Wahrnehmungs- und Steuerungsinhalte für das umgebungsneugierige Kind, wenn es gelingt, ihm angstfreie und spielerisch angenehme Situationen bereitzustellen.

Dann ist die Erfahrung des Wassers und des eigenen Körpers im Wasser spannend, fordert zweckmäßiges Verhalten heraus, verbindet Kind und Eltern im gemeinsamen Erlebnis und bietet die Chance zu einer überlebenssicheren Schwimmfähigkeit.

Lilli Ahrendt stellt vor allem die Entwicklungsförderung des Kindes in den Mittelpunkt ihrer Arbeit. Die kleinkindliche Entwicklung ist demzufolge zentraler Inhalt des Buches und zugleich Ausgangspunkt für ihre methodische Anleitung von Eltern, Kursleitern sowie allen, die sich planend, organisierend oder ausführend mit dem Kleinkindschwimmen beschäftigen.

Über ihr entwicklungspädagogisches Anliegen versäumt die Autorin jedoch nicht, handfest über das Greifen und Sichern der kleinen Kinderkörper zu informieren sowie Hinweise zu scheinbar trivialen, nichtsdestoweniger erfolgsnotwendigen Randbedingungen wie Temperaturen, Hygiene, Materialien oder Badebekleidung zu geben.

Selbst bei solchen technischen Details bringt sie zum Ausdruck, dass Kleinkindschwimmen keine bewegungstechnische Unterweisung darstellt, sondern auf vertrauensvoller und sensibler Interaktion von Erwachsenen und Kindern im Wasser beruht.

Köln, im März 2002   *Kurt Wilke*

I EINFÜHRUNG

Dieses Buch stellt die Fortsetzung des bereits erschienenen Buches **Säuglingsschwimmen** dar. Während sich das Säuglingsschwimmen inhaltlich auf das Eltern-Kind-Schwimmen im ersten Lebensjahr bezog, wird in diesem Buch das *Kleinkindalter* und damit der Entwicklungsbereich und die Fördermöglichkeiten im Wasser für das Eltern-Kind-Schwimmen im zweiten und dritten Lebensjahr vorgestellt.

Der Begriff *Schwimmen* bedeutet für diese Altersgruppe ein durch Eltern oder Auftriebs- und Schwimmhilfen unterstütztes, zielgerichtetes Bewegen und eigenständiges Bewegenwollen des Kindes im Wasser. Die Fähigkeit, selbstständig schwimmen zu können[1], erlangt das Kind frühestens ab einem Alter von vier Jahren. Sie hängt neben der geistigen Reife und Motivation insbesondere vom Längenwachstum der Gliedmaßen sowie dem damit verbundenen Kraft-Last-Verhältnis und den motorisch-koordinativen Fähigkeiten des Kindes ab.

Wie beim *Turnen* mit den Kleinsten versteht es sich somit von selbst, dass hier die Grundelemente des Bewegens im Wasser mit Unterstützung der Eltern unter fachlicher Anleitung eines Kursleiters erfahren und erprobt werden sollen, stellt doch das Medium Wasser selbst schon eine Besonderheit und einen geeigneten Bewegungsraum zum Spielen und Toben dar.

Die Vorstufen auf dem Weg zum Schwimmenlernen sind methodisch auf das Alter abgestimmt: Die ersten Hürden sind, sich an das Wasser zu gewöhnen und es zu bewältigen. Sie werden im Rahmen des Eltern-Kind-Schwimmens stets ganzheitlich und interaktiv angebahnt, d.h., Kinder mit Eltern schrittweise und ohne Leistungsdruck ihre Bewegungsfreude und ihr Wohlbefinden beim Fortbewegen, Springen, Ein- und Untertauchen und bei den Spiel-, Gymnastik- und Entspannungsübungen ausleben zu lassen. Schwimmen kann als *Sportart mit Perspektive* lebenslang und generationsübergreifend in der Freizeit und auch als gemeinsamer Familiensport betrieben werden.

---

[1] Mit *Schwimmen* ist hier das Fortbewegen im Tiefwasser über eine Strecke von 12 m (*Pinguin-Abzeichen*) oder 25 m (*Seepferdchen-Abzeichen*) mit Sprung- und Tauchfertigkeiten gemeint. Diese so genannte *Frühschwimmabzeichen* testieren dem Kind eine erste erfolgreiche Schwimmleistung, die unter Aufsicht bewältigt werden konnte.

Erfolgreiches Kleinkind-schwimmen erfordert eine qualifizierte Anleitung bei geeigneten Bedingungen in stehtiefem, ungefähr 32° C warmem Wasser. Die Gruppen sollten nach Alter und Vorerfahrungen eingeteilt werden, zumal das Bewegungsrepertoire sich in den ersten Kindes-jahren rasant erweitert.

Der auf die spielerische Bewegungsförderung aus-gerichtete Unterricht und die gleichzeitige pädago-gische Betreuung charak-terisieren das beabsich-tigte und bewusste Han-deln des Kursleiters und der Eltern mit ihrem Kind.

Der Einstieg ins Eltern-Kind-Schwimmen kann jederzeit erfolgen. Die ab dem zweiten Lebensjahr aufkommende *Trennungsangst* (~ 13 Monate), die *Trotzphase* (~ 18 Monate), die *Tiefenangst* (~ 24 Monate) oder auch die allgemeinen Orientierungsschwierigkeiten bei unbekannten Situationen in fremder Umgebung (*Angst vor Neuem*) können phasen-weise den Unterricht beeinträchtigen.

Das Kleinkindschwimmen intensiviert ganz bewusst die Eltern-Kind-Be-ziehung. Aus dem strampelnden Säugling kann nun ein anhängliches wie auch um Selbstbestimmung kämpfendes Kleinkind werden, das andere Vorstellungen als die Eltern im Wasser hat, das plötzlich ängst-lich ist oder auch nicht mehr gehalten werden will, obwohl es noch nicht schwimmen kann. Wesentlich ist, diese Entwicklungsstufen als Phasen zu akzeptieren und geduldig mit Kompromissen zu über-brücken.

Mit den Eltern gemeinsam spieler und planschen zu können, bedeutet für das Kind eine Aktivität, die es genießt. Wasserspritzer und -wellen werden im Zuge der Wassergewöhnung zur Freude und nicht zum Schrecken, ins Wasser zu springen und unterzutauchen zum Lieblingsspiel, weil die vertrauten elterlichen Arme behüten. Die Unterrichtsinhalte sind ganzheitlich ausgelegt, fördern die motorischen wie geistigen, sozialen und emotionalen Fähigkeiten gleichermaßen. Eine kreative Unterrichtsgestaltung lässt die Kinder und Eltern eine Vielfalt von Bewegungen erleben, die einfach Spaß und Freude bereiten.

Mit dem Kleinkindschwimmen kann eine gute Basis gelegt werden, Selbstvertrauen im Wasser zu gewinnen, ein gesunder Prozess, der sich später im Eigeninteresse des Kindes an Gesundheit und Sport beim Schwimmen fortsetzen kann. Eine sportliche Schwimmtechnik kann ein Kind im Allgemeinen frühesters ab drei Jahren bewusst erlernen, wenn es eine hinreichende kognitive, körperliche und motorische Reife besitzt.

Eltern, die ihrem Kind das Spielen und Experimentieren im Wasser in frühem Alter verwehren, es in einer Art Fremdbestimmung aus übertriebener Vorsicht nur mit Hilfsmitteln ausgestattet ins Wasser nehmen und ständig vor Gefahren warnen, anstatt es direkt zu begleiten und zur Auseinandersetzung mit dem Medium zu motivieren, laufen Gefahr, dass sich bei ihrem Kind eine Wasserphobie entwickelt, die das spätere Schwimmenlernen zu einem langwierigen, schwierigen und angespannten Prozess werden lassen kann.

II GRUNDLAGEN ZUR KINDESENTWICKLUNG UND ZUM KLEINKINDSCHWIMMEN

1 Das Wasser

Wasser als ein sich in einem schier endlosen Kreislauf sich bewegendes Element übt eine unwiderstehliche Anziehungskraft auf die Menschen aus. Seine Faszination wird insbesondere bei Gelegenheiten deutlich, wenn es die Menschen an den Strand oder die rauschenden Bergbäche zieht. Und auch im Alltag lieben wir das natürliche Duschen; ebenso fühlen wir uns nach dem Schwimmen wie neugeboren.

Für das Kind in der Entdeckungsphase bedeutet Wasser ein kreatives und spannendes Erlebnis- und Erfahrungsfeld. Wasser verbindet, indem es Eltern und Kind umschließt und sie hautnah miteinander agieren läßt. Die Eigenart seiner Durchlässigkeit macht es erforderlich, das Kind ununterbrochen zu beaufsichtigen und zu stützen, weil es auf Grund seiner anfänglichen Schwimmunfähigkeit der Hilfe bedarf.

Besonders in den ersten Lebensjahren werden die grundlegenden psychischen Einstellungen des Kindes geprägt. Wird dem Kind hier ein spielerischer Einstieg zum Wasser geschaffen und entwickelt es dazu eine freundschaftliche Beziehung, so wird es auch im späteren Lebensalter die positive Einstellung gegenüber Wasser beibehalten.

Das Wasser erfaßt den Menschen nicht nur sinnbildlich in seiner Ganzheit, sondern tatsächlich körperlich und seelisch. Das Wasser bewältigen zu können, sich darin zu behaupten, verleiht dem Kind seelische Stärke. Mit diesen Erfahrungen gewinnt es an Selbstsicherheit, Mut und Einsatzfreudigkeit, welche sich von der Bewegungserfahrung auf den Alltag überträgt. Das Bewegen im Wasser wurde seit längerem auch als Persönlichkeitsförderung erkannt und bewertet (vgl. DIEM 1980, KENNEL 1978).

1.1 Element des Alltags

Wasser ist nicht nur zum Trinken da, sondern auch für die tägliche Körperpflege ist es nötig. Ab dem zweiten Lebensjahr kann das Kind bereits
allein, also nicht mehr nur mit den Eltern gemeinsam, in einer Wanne
baden, die nur ca. 30 cm hoch mit Wasser gefüllt und mit einer rutschfesten Matte ausgelegt sein sollte. Spielsachen, wie Becher verschiedener Größe oder Schwämme, lassen das Kind länger darin verweilen,
wobei es das Wasser spielerisch entdeckt.

Um das Körperschema aufzubauen, hilft es, dass die Kinder spielerisch
mit dem Waschlappen verschiedene Körperstellen zu waschen lernen.
Ein größeres Geschwisterkind oder eine Puppe kann dabei mitbaden,
um gleichzeitig als gutes Beispiel voranzugehen. Ferner kann ein kurzes
Abduschen vor dem Windelwechsel eingeführt werden.

Schwierig gestaltet sich in diesem Alter mitunter das Haarewaschen.
Weil die Kinder noch unsicher im Halten ihres Gleichgewichts sind, vermögen sie den Kopf noch nicht im aufrechten Stand zurückzulehnen
(vgl. BRAZELTON 1998).

Aus dem gleichen Grund wird auch die Rückenlage bei der gleichen
Prozedur allgemein abgelehnt. Vorteilhaft ist es, wenn die Eltern es dem
Kind ermöglichen, sich im Sitz oder Stand festzuhalten, es die Augen
schließen lassen, ein mildes Kindershampoo benutzen und es anschließend mit der Handbrause zügig abwaschen.

Bewegungsraum Wasser

1.2 Element des Spiels

Wasser ist für Kleinkinder ein besonders spannendes Element. Hier können sie ihre ersten physikalischen Erfahrungen sammeln, nämlich Auftrieb, Widerstand, Druck und Temperatur. Auch die dreidimensionalen Bewegungsmöglichkeiten der Gliedmaßen lernen sie kennen. Am Strand nutzen sie Wasser als Bindemittel zum Kuchenbacken, zum Bauen von Sandburgen und Gräben. Im Bad wird mit Schaum die Wand tapeziert und nasse Füße hinterlassen Abdrücke.

Die Konsistenz des Wassers macht es möglich, es in den Mund zu nehmen und wieder auszuspucken, hineinzublasen und zu blubbern, es zu schöpfen und wieder auszugießen, es zu tröpfeln und zu spritzen, es als fließend zu beobachten und es auf der Haut zu erspüren. Mit diesen grundlegenden Erfahrungen stillt ein Kind seine Neugier und wird zu weiterer Kreativität herausgefordert.

1.3 Element der Gefahr: Erziehung zur Sicherheit

Eine wohlgemeinte Warnung sollte allen Lesern bewusst machen, wie lebenswichtig gerade für kleine Kinder das Erlernen der schwimmerischen Fähigkeiten als Schutz ist, zumal das Wasser uns bei jeder alltäglichen Gelegenheit harmlos berührt wie beim Zähneputzen, Waschen, Spazierengehen am Bach/Fluss, Zeitvertreib am See, Beobachten am Tümpel usw.

Alle Verantwortlichen sollten alarmiert sein, wenn das STATISTISCHE BUNDESAMT (VIII A1 Gesundheit 1999) berichtet, dass allein die Todesfälle durch Ertrinken und Untergehen im Kleinkind- und Vorschulalter (1-5 Jahren) mit 58 Fällen fast doppelt so hoch sind wie im Alter von 5-10 Jahren und um fast ein 15-faches höher als im Säuglingsalter (< 1 Jahr) liegen. Die Statistik der Deutschen Lebens-Rettungs-Gesellschaft erfasste für das erste Halbjahr 2001[2] in Gesamtdeutschland insgesamt 181 Ertrinkungsfälle, 10% (18) davon fielen auf Kinder unter fünf Jahren.

Die häufigsten Unfälle ereignen sich in natürlichen Gewässern oder sind nicht näher in ihrer Ursache bezeichnet. Badewannen- und Schwimmbadunfälle nehmen einen vergleichsweise geringen Anteil ein. Dennoch wird anhand der Zahlen deutlich, dass das Kleinkind als Nichtschwimmer wegen seines starken Bewegungs- und Erkundungsdrangs auf Grund seiner mangelnden Erfahrung eine stark gefährdete Zielgruppe darstellt. Auch sind den körperlichen Fähigkeiten noch erhebliche Grenzen für die Selbstrettung gesetzt.

---

2   Persönliche Vorabinformation, amtliche Publikation in 2002 vorgesehen.

Für Eltern ist es wichtig, sensibel für die Gefahren am und im Wasser zu werden und die Fähigkeiten ihres Kindes einschätzen zu lernen. In einer vergleichenden Elternbefragung von Eltern mit und ohne regelmäßige Teilnahme an Kleinkindschwimmkursen wurde deutlich, dass Eltern mit Kurserfahrung ein höheres Sicherheitsverhalten gegenüber ihrem Kind im Urlaub zeigten (vgl. JENNER 2000).

Demnach leistet das Kleinkindschwimmen durch Aufklärung und praktische Auseinandersetzung der Eltern mit ihrem Kind im Wasser eine Art Sicherheitstraining. Gefahren lassen sich auf Grund von gelebter Auseinandersetzung der Eltern realistischer einschätzen und durch spielerisches Einüben von Verhaltensregeln im Wasser können Kinder und Eltern vom Kursleiter praxisnah aufgeklärt werden.

Im Rahmen eines spontanen Experiments (vgl. AHRENDT 2001c) wurde ein weiterer Aspekt deutlich, nämlich die Wassererfahrung der Eltern selbst. In Säuglings- und Kleinkindkursen werden sie angeleitet, ihr Kind sach- und fachgerecht zu behandeln. Viele Eltern bekommen durch ihre Kinder erst wieder Zugang zum Medium Wasser und vertiefen durch den regelmäßigen Kursbesuch ihr Zutrauen in ihre eigenen Fähigkeiten; sie lernen, sicher mit ihrem Kind umzugehen. Mit diesen Erfahrungen lässt sich die Praxis – auch außerhalb des Kurses – realistischer einschätzen und ist für Eltern *und* Kinder nützlich, um Freizeit- und Urlaubssituationen zu bewältigen. Dann sind es die Eltern, die ihre Kinder im Wasser halten, beaufsichtigen und im Notfall retten können sollten.

Denn solange ein Kind nicht schwimmen kann, bedarf es der ständigen Aufsicht. Elterliches Überbehüten mit ständigem Warnen vor Gefahren beeinträchtigt das Kind, eigene Erfahrungen im Umgang mit dem Wasser zu machen und zu lernen, sich selbst zu schützen. Hinzuweisen ist an dieser Stelle, dass beharrliches Anlegen von Schwimmhilfen (z.B. Schwimmflügel) in jeglicher Wassernähe dem Kleinkind keine Sicherheitsgarantie bietet.

Unfällen, die durch Ausrutschen in der Badewanne hervorgerufen werden, lässt sich durch eine rutschfeste Matte, die am Wannenboden befestigt wird, vorbeugen. Der Raum soll während des Babybadens nie verlassen werden. Deshalb sind vorher Handtücher und Utensilien in Greifnähe zu platzieren.

Für Schwimmbecken, Teiche oder Regentonnen, die für das Kind eine Lebensgefahr darstellen können, sind selbst private Schwimmbadbesitzer rechtlich verpflichtet, Sicherheitsvorkehrungen durch Zäune und Abdeckungen oder Schutzgeländer zu treffen, wenn das Becken nicht beaufsichtigt wird (vgl. STOHLMANN 2001, 66f.).

Empfehlungen für das Sicherheitstraining:
◆ Das Kind darf nur mit der Bezugsperson die Umkleide- und die Duschräume betreten.
◆ Kann das Kind bereits laufen, sollte es lernen, auch ohne Handfassung selbstständig den *Treffpunkt*, z.B. die Wärmebank, an der die ihm bekannte Badetasche platziert wird, aufzusuchen und dort zu warten. Diese Anforderung ist von Zeit zu Zeit als Aufgabe zu stellen; und dabei ist das Verhalten des Kindes verdeckt zu überprüfen.
◆ Müssen die Eltern die Umkleidekabine oder Toilette während des Unterrichts aufsuchen, so ist das Kind mitzunehmen oder einer anwesenden Person ausdrücklich zur *Aufsicht* zu übergeben.
◆ Zum Überbrücken von Wartezeit, z.B. vor Unterrichtsbeginn, sollten die Kinder anhand von mitgebrachtem Spielzeug außerhalb des Beckens beschäftigt werden. Wenn bereits die Möglichkeit besteht, das Becken zu betreten, begleiten die Eltern stets im Wasser oder auf der Treppe stehend ihre Kinder zum Spielen.
◆ Eltern und Kind gehen entweder gemeinsam oder zuerst ein Elternteil ins Wasser. Die Kinder springen stets erst danach auf ein verabredetes Signal ins Wasser.
◆ Während des Unterrichts sollte man sich vergewissern, ob sich das Kind für kurze Zeit tatsächlich an Anweisungen hält, wie z.B.: „Halt dich am Beckenrand fest, ich komme gleich!" oder: „Bleib hier sitzen, ich hole den Ball", um beim Sichentfernen des Elternteils die gebotene Verlässlichkeit zu gewährleisten. Eltern und Kinder sollen auch hier ihr Vertrauensverhältnis stärken. Eingehaltenes Wort und Tun vermittelt Sicherheit.
◆ Nach dem Schwimmen verlassen Eltern und Kind gemeinsam das Schwimmbecken, die Dusche und die Umkleidekabine. Zu Übungszwecken können Eltern auch aus der Dusche in den Umkleideraum vorangehen und das Kind auffordern, gleich zu folgen, wenn die Beaufsichtigung mit einer anderen Person vorher abgestimmt worden ist.

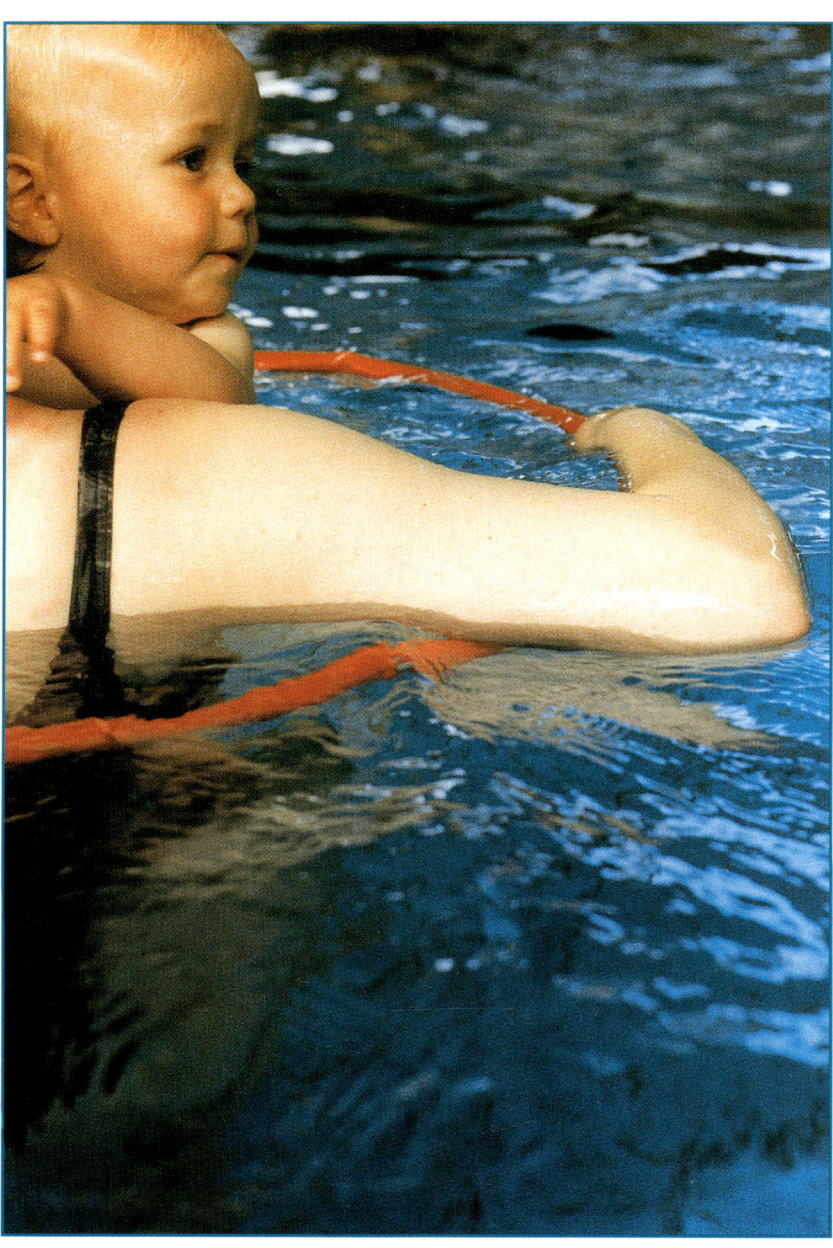

Weitere Baderegeln:

◆ Ein Kleinkind soll am Unterricht teilnehmen, wenn es sich körperlich wohl fühlt und frei von ansteckenden Krankheiten ist.

◆ Der Aufenthalt im warmen Wasser (~ 32° C) soll 45 Minuten nicht überschreiten. Sofern schon früher Anzeichen des Frierens erkennbar werden, ist das Wasser sofort zu verlassen.

◆ Ein Kind sollte nur tauchen, wenn es bereits die Schutzreaktion gelernt hat, nämlich die Gefahr des Wasserschluckens und des Sich-verschluckens oder der Wasseraspiration zu meiden. Dann dürfte es gut vorbereitet, stressfrei und aufmerksam sein.

◆ Vorsicht ist geboten bei einer gelegentlich propagierten Selbstret-tungsmethode[3], bei der das Kind ungesichert längere Zeit im Wasser in Rückenlage liegen muss oder getaucht wird. Sie birgt die Gefahr der Wasserintoxikation und wird zudem aus pädagogischen und psychologischen Gründen abgelehnt, weil dabei das Kind regel-mäßig in eine ungerechtfertigte psychische und körperliche Stress-situation versetzt wird mit der möglichen Folge von Wasserangst. Sicherlich wird daraus keine Motivation entstehen, um sich für das Schwimmenlernen zu begeistern. Entgegen der ganzheitlichen Methode wird auf diese Weise das Vertrauen des Kindes, von Eltern beschützt zu werden, missbraucht.

Der Verlauf ist optimal, wenn sich das Kind aus der sicheren und vertrauten elterlichen Obhut schrittweise lösen und auf seine eigenen Fähigkeiten verlassen kann. Es soll dabei schon die Grenze des *Noch-gerade-so-geschafft* erfahren und den Spaß am Wachsen von Selbst-ständigkeit erleben.

---

3 Säuglingen und Kleinkindern wird antrainiert, sich nach dem Fall ins Wasser in Rückenlage zu drehen und in dieser Position, trotz Wasserschluckens, zu verharren (vgl. FOUACE 1980; LAMBIEL 1998).

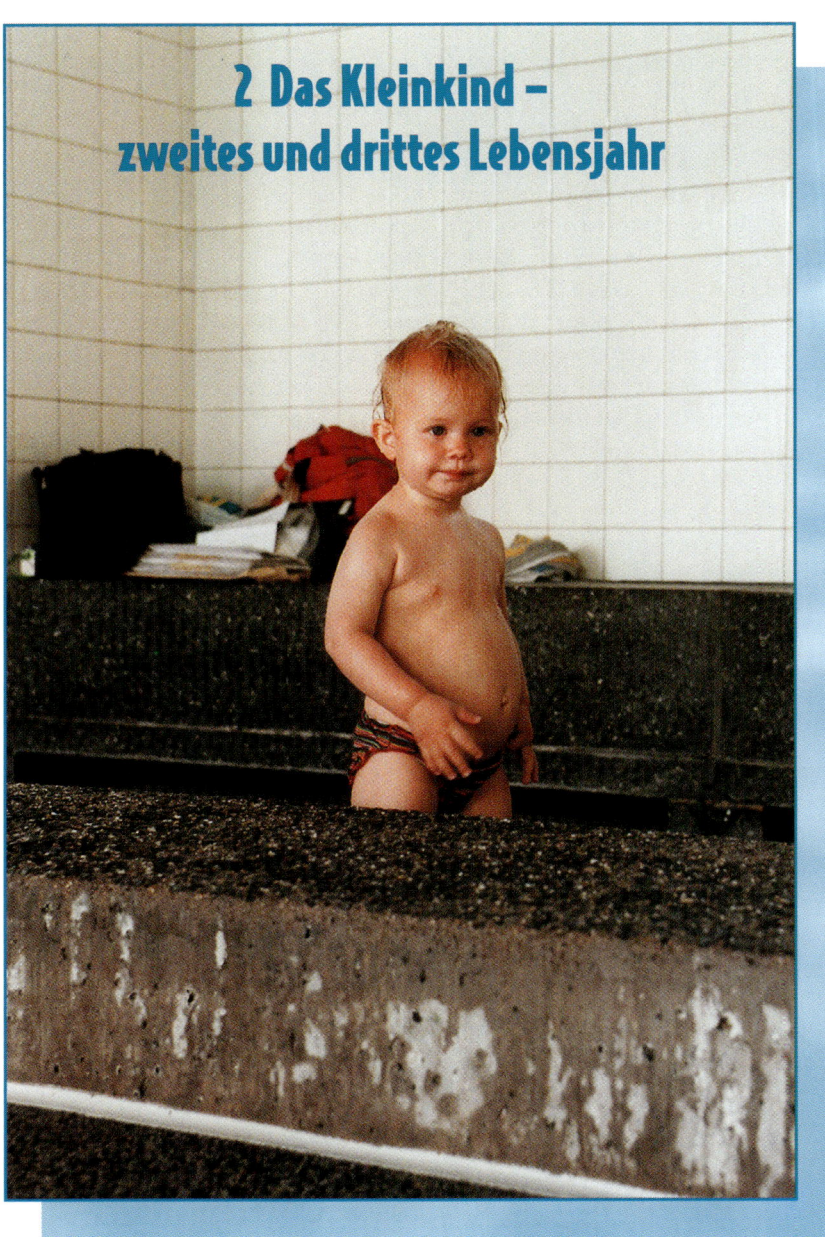

2 Das Kleinkind – zweites und drittes Lebensjahr

2.1 Körperliche und motorische Entwicklung – von ersten selbstständigen Schritten zum vielfältigen Bewegungsrepertoire

Die Körperproportionen und das Erscheinungsbild des Kleinkinds ähneln denen des Säuglings noch sehr. Sein Kopf beträgt rund ein Viertel seiner gesamten Körperlänge, seine Arme und Beine sind im Verhältnis zum Körper kurz. Erst mit dem stärkeren Wachstum der Gliedmaßen ab dem vierten Lebensjahr verändert sich der Körperschwerpunkt, verbessert sich die Gleichgewichtsfähigkeit und die Fortbewegungen beim Schwimmen werden effektiver. In den ersten beiden Lebensjahren sind die Kniegelenke stets leicht gebeugt; die Beine weisen eine leichte O-Bein-Stellung auf. Die Kopfproportionen sind durch einen großen Hirn- und einen kleinen Gesichtsschädel gekennzeichnet, die Wangenpartien sind voll, die Augenpartien groß. In der Wirbelsäule bildet sich durch die Aufrichtung in die Standposition und die vermehrte Laufbewegung die Lendenlordose aus, das Becken kippt nach vorne, weshalb sich auch der Bauch nach vorne auswölbt. Da das Skelettsystem sehr weich ist, das Fußgewölbe sich erst durch das Laufen ausbildet, können leicht Fehlbildungen entstehen. Barfußlaufen, leichte Kleidung und vielseitige Bewegungsmöglichkeiten wirken dem entgegen.

Die körperliche Entwicklung des Kleinkinds ist durch schnelle Gewichtszunahme und starkes Längenwachstum gekennzeichnet. Beides unterliegt jedoch vererbungs-, entwicklungs-, ernährungs- und geschlechtsbedingt einer großen Streubreite. Das einjährige Kind hat sein Geburtsgewicht allgemein verdreifacht (rund 12 kg) und ist um rund 50% seiner Geburtslänge auf rund 75 cm gewachsen. Seine Atem- und Pulsfrequenz ist gegenüber dem Säuglingsalter leicht gesunken. Die Atemfrequenz liegt bei rund 35 Zügen/ Minute, die tiefere Brustkorbatmung löst die flache Zwerchfellatmung des Säuglingsalters ab. Der Pulsschlag, die vom Herzen übertragene Druckwelle in den Schlagadern, beträgt im zweiten Lebensjahr rund 100 Schläge/ Minute. Der Blutdruck, der durch die Muskelkraft des Herzens erzeugte Druck des strömenden Blutes im Gefäßsystem, steigt von 60/35 mm Hg im ersten Lebensjahr auf 80/50 mm Hg im zweiten an[4]. Körperliche Überforderungen treten wegen der hohen Leistungsfähigkeit des Herzens kaum auf. Ein Kleinkind erholt sich effektiv schon in kurzen Pausen.

4   Zum Vergleich: Beim Erwachsenen beträgt der Blutdruck ungefähr 120/80 mm Hg.

Bewegungsraum Wasser

Die immunologische Funktionsreife findet in den ersten 2-3 Lebensjahren statt. Durch Zahnung, vermehrte Berührung des Mundes mit Materialien der Umgebung und zunehmenden Kontakt zu Gleichaltrigen sind Kleinkinder gehäuft infektionsanfällig. Aktiv bewältigte Infektionen helfen dem Aufbau des Immunsystems.

Die empfohlenen Impfungen (Masern, Mumps, Röteln, Diphtherie-Pertussis-Tetanus, Haemophilus influenzae und Polymyelitis) bilden den Schutz gegen gefährliche Erkrankungen und werden beim Kinderarzt ab dem 15. Monat aufgefrischt (vgl. LEIBER/ SCHLACK 1991, 226f.).

Das Kleinkind entwickelt sich motorisch rasant weiter. Kämpfte der Säugling im ersten Lebensjahr beim Aufrichten vornehmlich gegen die Schwerkraft und entwickelte die Fähigkeiten des Sitzens, Stehens und Entlanggehens, so ist das Kind im zweiten Lebensjahr vornehmlich damit beschäftigt, das freie Stehen, Laufen und Hocken zu erproben; es erobert sich durch seinen Eifer beim Klettern seine nächsthöhere Raumebene, wie z.B. Treppen. Sein Drang, sich nur noch in der aufrechten Position zu bewegen, ist beachtlich; das Windeln in der Rückenlage ist kaum mehr möglich.

Seine Fähigkeit, im Stehen und Gehen das Gleichgewicht zu halten, ist noch instabil. Es schwankt und fällt noch häufig, sein Gangmuster ist breit und torkelnd (Entengang), es balanciert mit seitlich ausgestreckten Armen.

Indem sich das Kind intensiv motorisch mit seinem gegenständlichen und sozialen Umfeld auseinander setzt, eignet es sich im weiteren Verlauf des zweiten Lebensjahres ein vielfältiges Bewegungsrepertoire an:

◆ Es lernt, auch auf unebenem Gelände zu laufen, zu fallen und aufzustehen.
◆ Es geht rückwärts und balanciert, lernt dabei, auf- und abzusteigen.
◆ Es läuft stapfend, wenn auch noch unkoordiniert, variiert dabei Bewegungsrichtung, -tempo und -rhythmus.
◆ Es steigt Treppen im Nachstellschritt mit Festhalten am Geländer hoch und später herunter.
◆ Es bewältigt sein Körpergewicht, z.B. im Hang an einer Stange oder im Stütz beim Handstand.
◆ Es spielt häufig in der Hocke und übt dabei, Balance zu halten.
◆ Es isst einfache Dinge mit dem Löffel (zweites Lebensjahr) später mit kindgerechter Gabel und Messer (drittes Lebensjahr) und verbessert dabei seine Fähigkeit, sich langsam und konzentriert zu bewegen und Bewegungen genau auszuführen.
◆ Es will zunehmend im Haushalt beteiligt sein oder macht erste eigene Anziehversuche und trainiert damit seine Selbstbefähigung.

Das Kind entwickelt einen ungemeinen Bewegungsdrang. Es ist begeistert, wenn es

◆ Geräusche und Rhythmen und Bewegungen, wie Schwingen und Selberschaukeln, entdeckt.
◆ seine Streck- und Haltefähigkeit und seinen Körperzusammenschluss erprobt.
◆ gehalten auf- und abhüpfen oder auch niederspringen kann und später selbstständig Hindernisse überspringt (hoch und weit).
◆ sich wälzen, rollen, rutschen und durch Tunnel kriechen kann.
◆ Gegenstände tragen, ziehen, schieben, treten, rollen, werfen (einhändiger Schlagwurf, beidhändiger Schwung- oder Schockwurf, Zuwerfen und Zielwerfen) und fangen (drittes

Lebensjahr) kann, um sowohl Kraftaufwand gegen Widerstand dosieren zu lernen als auch seinen Krafteinsatz am Objekt auszuprobieren. Raumorientierung, Koordination, Reaktion und Geschicklichkeit zu erproben, sich situativ anzupassen und zu lernen, bewegte Gegenstände mit den Augen zu verfolgen und ihr Tempo zu erkennen.

◆ seine Kräfte klimmend und kletternd messen darf.

Ab zwei Jahren verstärkt sich seine Willenskraft für eigenständiges Handeln. Dabei überschätzt es häufig sein Können, wenn es sich an vielen neuen und schwierigen Bewegungen erprobt: Es steigert zusehends seine Fertigkeiten, versucht bald, auf einem Bein zu stehen, bildet seine Händigkeit[5] aus und wirft bereits gezielter, malt im Pfötchengriff und betätigt sich schon beidhändig, z.B. beim Bauen. Und die Entwicklung schreitet im wahrsten Sinne des Wortes weiter voran, wenn das Kind versucht, im Wechselschritt Treppen hinaufzusteigen oder sich mit dem Dreirad mit wechselbeinigen Tretversuchen abmüht.

Unter mehr oder weniger Herzklopfen der Großeltern balanciert das Kleinkind mit dem dritten Lebensjahr auf einer Mauer und kann rund eine Sekunde auf einem Bein stehen. Die Feinmotorik wird kontrollierter, z.B. beim Anheben einer vollen Tasse oder bei beidarmigen Auffangversuchen eines Balls. Da für das Kleinkind jeder Bewegungsvorgang relativ neu erscheint, fühlt es sich ständig zum Nachahmen aller Art animiert. So versucht es auch, bei bekannten Liedern mitzuklatschen und zu -singen. Seine feinmotorischen Bewegungen sind zwar noch relativ störanfällig, aber die grobmotorischen Ausführungen umso stabiler und immer gezielter.

---

5   Händigkeit ist die Präferenz für eine Seite.

Das Kleinkind scheint über unerschöpfliche motorische Energie zu verfügen. Suchte es am Anfang des zweiten Lebensjahres noch die unterstützende Hand zum Laufen, so weitet sich sein motorischer und sozialer Aktionsradius am Ende des zweiten Lebensjahres deutlich aus: Geradezu spielerisch läuft es davon, um sein Umfeld ungestüm aktiv zu erobern; ein Vorgang, der Eltern rastlos fordert, zwischen Eigenständigkeit und schutzbedürftigem Handeln zu entscheiden, nämlich, was dem Kind zuzutrauen und wie/ob es vor Gefahren zu schützen ist.

Entwicklung motorischer Grundformen im zweiten und dritten Lebensjahr in Kurzfassung:

Gehen
◆ Etwa ab einem Jahr (im Zeitfenster 10-18 Monate).

Laufen
◆ Etwa ab 2,5 Jahren, zunächst noch mit breiter Armführung, die das Halten des Gleichgewichts unterstützt.
◆ Der Schritt wird allmählich ausholender und schneller; die Arme werden zunehmend angewinkelt.

Klettern/Steigen
◆ Etwa ab 1-1,5 Jahren erklimmt ein Kind eine Sprossenleiter; das Abwärtsbewegen folgt erst etwas später.
◆ Im selben Alter überklettert es mit Hilfestellung auch kleine Hindernisse (Bordstein, Bänke).
◆ Mit 2,5 Jahren steigt es Stufen frei auf und ab und überklettert Hindernisse flüssig.

Springen
◆ Ab zwei Jahren beginnen hüpfende Niedersprünge aus geringer Höhe oder Sprünge über Striche, Stöcke oder Seile; die Beine werden beidfüßig aufgesetzt (ähnlich Hopsersprüngen).

Werfen

◆ Es übt sich zunächst in den Wurfarten: Schlagwurf (Schlagballwerfen), also von oben, und Schockwurf (Kegeln) von unten[6].

Fangen

◆ Es beginnt mit 20 Monaten; das Kind streckt die Arme parallel nach vorne, kann das Anpressen der Arme an den Körper jedoch noch nicht koordinieren. Diese Fertigkeiten lernt es ab dem dritten Lebensjahr.

Der Bewegungsablauf im zweiten Lebensjahr ist gekennzeichnet durch
◆ geringe Bewegungsstärke.
◆ langsames Ausführen, nicht reaktionsschnell.
◆ engen und relativ kleinen räumlichen Umfang.
◆ kurzes Ausholen durch Arme und Beine.
◆ unrhythmisches Bewegen.
◆ geringen Bewegungsfluss.
◆ noch recht eckiges und tapsiges Agieren (nicht elastisch, flüssig).
◆ die Tatsache, dass die Bewegungen der Gliedmaßen noch nicht an den Rumpfeinsatz gekoppelt sind und Schwierigkeiten im Balancehalten bestehen.
◆ leere Ausholbewegungen beim Laufen, Springen, Hüpfen, Werfen. Die Bewegungen erfolgen noch nicht konstant und ökonomisch.

Die Ursachen liegen
◆ in der sich erst entwickelnden Muskulatur.
◆ in der muskulären Kraftverteilung (Kraft-Last-Verhältnis ist wegen der unausgewogenen Körperproportionen noch nicht austariert).
◆ im erst beginnenden koordinativen Fähigkeitsaufbau, einhergehend mit der zeitlichen Dauer von Reaktionen (keine Reaktionsschnelligkeit, es dauert und dauert).
◆ in den geradezu vorsichtigen Bewegungen des Kleinkinds als Indiz der Phase des Probierens und Versuchens.
◆ darin, dass in der Phase des Aneignens das motorische Umsetzen dem Erregungsprozess noch nachhinkt. Hirnphysiologisch betrachtet muss sich ein dynamisch-motorisches Stereotyp erst herausbilden.

Im dritten Lebensjahr werden die Bewegungen durch Wiederholen und Variieren gezielter, sicherer und stabiler ausgeführt.

Ein Kind ist *motorisch* im zweiten und dritten Lebensjahr durchschnittlich wie folgt entwickelt:

1. **Ausdauer:** Beim Spielen verhält sich das Kind ausdauernd. Auch kann es sich bereits gut konzentrieren. Durch häufigen Wechsel von Spieltätigkeiten, bei denen die Belastungen variieren, wird die zentralnervöse Ermüdung hinausgeschoben und die lokale Ermüdung ausgeschlossen. Dabei dauern die Tätigkeiten noch nicht lange an; schnell wechselnde Kurzleistungen mit geringer Intensität treten auf, was durch das gering entwickelte kardiopulmonale System erklärbar ist (hohe Puls- und Atemfrequenz in Ruhe).

2. **Koordinative Fähigkeiten:** Im Kleinkindalter verharren sie auf dem Niveau der Grobkoordination. Die motorischen Fähigkeiten, sich zu orientieren, zu koppeln, sich umzustellen, zu differenzieren und das Gleichgewicht zu halten, scheinen zu stagnieren, auch wenn sich Kleinkinder gerne im Gleichgewichtsverhalten versuchen.

3. **Beweglichkeit:** Sie entwickelt sich bei Kleinkindern sehr kurios: Während die Fähigkeit zum Beugen in den großen Gelenken hoch ist, ist die zum Strecken gering ausgeprägt.

4. **Schnelligkeit:** Davon kann im zweiten und dritten Lebensjahr im Sinne von Leistung noch nicht gesprochen werden, weil ein Kind sein Bewegungsspektrum mit nahezu jeder Aktion erst vergrößert, was von vielen erstmaligen Handlungen begleitet wird.

---

6   Im ersten Lebensjahr ist die Vorform von oben (Schlagwurf) häufiger zu beobachten, ähnlich dem Fallenlassen, wenn das Kind alle erreichbaren Gegenstände nach unten befördert.

Bewegungsraum Wasser

2.2 Sinnesorgane und Wahrnehmung – zunehmende Reizverarbeitung und Welterkundung mit Augen und Händen

Im ersten Lebensjahr reifen die Sinnesorgane heran und die hirnphy-siologische und intellektuelle Einordnung (*sensomotorische Integration*) beginnt. Während der Säugling in den ersten Monaten zunächst nur Berührungen empfindet, jedoch diese noch nicht bewusst einordnen und lokalisieren kann, selektiert und integriert das Kleinkind seine Eindrücke bereits in weitaus umfassenderer und unterscheidbarer Form. Es richtet seine Aufmerksamkeit eindeutiger und führt seine Bewegun-gen weitaus zielgerichteter aus. Seine Gefühle lernt es allerdings erst nach dem dritten Lebensjahr sicherer zu beherrschen. Das Kleinkind entwickelt eine Vorstellung über das Vorhandensein seines Körpers, des-sen Grenzen und Bewegungsmöglichkeiten und baut sich mittels seiner zunehmenden Selbstentdeckung und sprachlichen Ausdrucksfähigkeit im dritten Lebensjahr sein Körperschema über seine kinästhetische Wahrnehmung weiter auf. Seine Gleichgewichtsreaktionen (Lage- und Bewegungsgefühl, Halte- und Stellreflexe) und seine Lage-Raum-Orien-tierung verbessern sich zusehends.

Der Säugling erkennt anfangs nur Kontraste. Beim Kleinkind verbessert sich die Sehschärfe zunehmend; sie hat im Alter von zwei Jahren einen Anteil von 50% derjenigen des Erwachsenen erreicht. Während der Säugling primär die Gegenstände mit dem Mund erkundet (*orales Ertasten*), untersucht das einjährige Kind auf Grund seines manuellen Geschicks Gegenstände bereits vermehrt durch intensives Betrachten (*visuelles Erkunden*). Am Ende des zweiten Lebensjahres überwiegt der Tastsinn nicht mehr, der Mund ist nicht mehr das wichtigste Tastorgan. Visuelle und sprachliche Farbunterscheidungen können mit drei Jahren deutlich festgestellt werden. Erst im Alter von vier Jahren beherrscht das Kleinkind das räumliche Sehen und kann kurze Entfernungen abschätzen.

Das Kleinkind entschlüsselt die *Objektpermanenz*, d.h., es nimmt das Vorhandensein bzw. Verschwinden eines Gegenstands bewusst auf. Das 1-1,5-Jährige findet zuvor von ihm selbst weggeworfene oder versteckte Gegenstände wieder. Es erkennt Zusammenhänge: Kleinere Bausteine werden in größere Gefäße geschachtelt, Geräusche und deren Quellen lokalisiert, auf Körperteile von sich und anderen Personen wird gezeigt. Das Zweijährige kann bereits Formen und Farben wahrnehmen, was in Ordnungsspielen deutlich wird. Indem es sich seines eigenen Körpers immer bewusster wird, kann es im Alter von 2-2,5 Jahren bereits Geschlechter unterscheiden. Und je nach Sprachentwicklung benennt es im Allgemeinen mit drei Jahren seine Körperteile und kann Größen unterscheiden. Auch wird ihm der Begriff *zwei* als Mengenangabe bereits verständlich.

Auf der akustischen Reizebene unterscheidet das Kind stimmliche Gefühlslagen, erzeugt selbst gern Geräusche und entwickelt sein Sprachvermögen, indem es Laute ausstößt, diese akustisch und rhythmisch immer wieder abstimmt und aus diesen Erfahrungen lernt.

Ebenso wie beim Säugling ist im zweiten Lebensjahr der Anregung der Nahsinne (Hautsensibilität, Körper- und Bewegungsgefühl, Gleichgewicht, Geschmack) entwicklungspsychologisch größere Bedeutung zu schenken als der Förderung der Fernsinne (Geruch, Sehen, Hören). Letzteres wird erst im dritten Lebensjahr für das Kind zunehmend interessanter.

Übersicht über die Sinneswahrnehmungen im zweiten und dritten Lebensjahr

1. Akustisches Wahrnehmen
◆ Das Kind kann stimmliche Gefühlslagen (Zärtlichkeit, Angst), laute und leise sowie helle und dunkle Töne, verschiedenartige Stimmen (Menschen, Tiere), lang gedehnte und kurze Wortaussprachen unterscheiden.
◆ Singen fördert Rhythmusempfinden und Sprachvermögen.

2. Optisches Wahrnehmen
◆ Fixieren von Gegenständen in verschiedenen Situationen.
◆ Spiel mit Gegenständen fördert die Auge-Hand-Koordination.

3. Taktiles Wahrnehmen
◆ Erleben von Sinneseindrücken über die Haut – warm und kalt; rauh und glatt; spitz und stumpf; nass und trocken.
◆ Wichtigste Tastorgane werden die Hautrezeptoren der Hand (nicht mehr der Mund).
◆ Prozess des *Be-greifens* und *Be-handelns*.

4. Kinästhetisches Wahrnehmen
◆ Entwickeln der Fähigkeiten, eigene Körperbewegungen unbewusst zu kontrollieren und zu steuern.
◆ Wahrnehmen von Körperveränderungen, z.B. Arme strecken.
◆ Koordiniertes und sicheres Bewegen erfolgt propriozeptiv.
◆ Dient der Ausbildung, dem Bewusstwerden des eigenen Körperschemas, seiner Grenzen und Möglichkeiten.
◆ Das Halten des Gleichgewichts stabilisiert sich (Gleichgewichtsorgan im Innenohr, Halte- und Stellreflexe und das Auge regulieren und steuern den Körper in Haltung, Lage und Bewegung).
◆ Die Lage-Raum-Orientierung entwickelt sich (die eigene Person setzt sich mit anderen Personen und Gegenständen in Beziehung).

2.3 Beziehungs- und Sprachverhalten – vom Abnabeln zum Streben nach Eigenständigkeit

Die emotionale Entwicklung des Kleinkinds im zweiten und dritten Lebensjahr ist durch den Ablösungsprozess von seinen direkten Bezugspersonen gekennzeichnet. Im Verlauf des eigenständigen Fortbewegens und damit Wegbewegens von Mutter und/oder Vater beginnt das Kind zu Beginn des zweiten Lebensjahres, sich einerseits abzulösen, andererseits wird es unsicher und schutzsuchend, sobald die Bezugsperson aus seinem Blickfeld gerät und seine Vorhaben nicht erfolgreich sind. Es entsteht ein Wechselspiel zwischen dem Drang nach Bewegungsfreiheit und Selbstständigkeit einerseits und der Suche nach Nähe und Schutz bei der Bezugsperson andererseits.

Das Kind klammert häufig und fürchtet sich, allein gelassen zu werden *(Phase der Trennungsangst)*. Am Ende des zweiten Lebensjahres (ab 18 Monaten) wiederum wirkt das Kind selbstsicherer. Es ist motorisch sehr aktiv, möchte alles können und dürfen. Konflikte zwischen dem nach Eigenständigkeit strebenden Kleinkind und den Grenzen setzenden Eltern werden häufiger und heftiger. Es kommt zu Durchsetzungskämpfen *(Trotzphase)*, sofern nicht geduldig Kompromisse auch ohne breite sprachliche Basis ausgehandelt werden können. Am Ende des dritten Lebensjahres ebben diese emotionalen Ausbrüche ab; das Kind lernt, Bedürfnisse aufzuschieben, und Lösungen können mehr und mehr sprachlich verhandelt werden.

Im Vergleich zum Säuglingsalter äußert das Kleinkind bereits im Alter von 12-15 Monaten differenziert seine Gefühle (z.B. Wut, Eifersucht, Zuneigung und Ablehnung). Es wird ärgerlich, sobald es bei seiner Arbeit (spielen, entdecken) gestört wird. Andererseits teilt es sich auch gern mit durch Zeigen oder Vorführen. Das soziale Verhalten wie Teilen oder Abgeben ist relativ ungetrübt. Im darauf folgenden Trotzalter möchte das Kind seine eigene Sicht der Dinge durchsetzen und reagiert häufig wütend und zornig, wenn dies nicht zu gelingen scheint. Eindeutige Regeln und das Vorbild der Erwachsenen helfen, dem Kind Orientierung zu geben.

Im Alter von 2-2,5 Jahren wirkt das Kind gelegentlich bereits sehr selbstständig (z.B. essen), bedarf jedoch ständig der Hilfe. Dieser un-

Bewegungsraum Wasser

bändige Drang nach eigenem Tun führt auch zu eigener Überforderung und dann zu Eifersucht, Klammern und Schutzsuchen bei den Eltern. Bis zu einem Alter von drei Jahren reift es, um Freundschaften zu schließen und lernt, beim Vorlesen den Geschichten zu folgen. Es erlangt somit Kindergartenreife.

Das Kleinkind beginnt mit seiner Sprachentwicklung im zweiten Lebensjahr über die *Gestensprache*. Durch Zeigen und Lautieren macht es auf seine Bedürfnisse aufmerksam. Sprachlich wird mit dem Formulieren von Silben wie *ma-ma, ba-ba* begonnen und im elterlichen Wechselspiel durch Benennen von Gegenständen und Personen und im Zeigespiel zu festen Begriffszuordnungen (z.B. Tee, Auto, Ball) weiter ausgebaut. Die *Einwortsätze* werden mit 1,5-2 Jahren zu *Mehrwortsätzen* erweitert. Es

dauert einige Zeit, bis der eigene Name mit der *Ichform* identifiziert wird. Mit 2-2,5 Jahren wird in Ichform gesprochen. Und einfache Unterhaltungen, das Fragenstellen, Benutzen von Raumbegriffen (vor, hinter, unter, auf) und Formulieren von Bedürfnissen, z.B. Hunger, wachsen an.

2.4 Spiel- und Lernverhalten – über das Nachahmen und Funktionieren zum Ausprobieren

> „Die Spiele der Kinder sind nicht Spiele,
> es sind ihre ernstesten Handlungen"
>
> (MONTAIGNE).

Spielen und *Lernen* sind in diesem Alter untrennbar miteinander verbunden. Eigentlich könnten beide Begriffe an dieser Stelle synonym verwendet werden. Jede Bewegung, jede Handlung, ist in dieser Phase ziemlich einmalig und neu, d.h., jede Tätigkeit, ob Spielen oder Lernen genannt, stellt einen Entwicklungsbaustein in körperlicher und geistiger Hinsicht dar.

Das motorische Lernen bei Kleinkindern im zweiten Lebensjahr basiert vorrangig auf dem *Bedürfnis des Nachahmens* und damit dem Erkunden des *Gesichtssinns*.

Zu Beginn des zweiten Lebensjahres (12-15 Monate) versucht das Klein- kind, mit seinem Körper, seiner Gestik, Mimik und Sprache die Ge- wohnheiten seiner Familienmitglieder bei Haushalt und Körperpflege nachzuahmen. Es spielt im Alter von 15-18 Monaten ausdauernder (bis 15 Minuten), geprägt von Wiederholungen und sich entwickelnden Handlungsabfolgen. Beliebte Spiele für die bis zu Zweijährigen sind bei uns Steckspiele, Puzzles und Turmbauten (4-8 Klötze übereinander).

Mit 2-2,5 Jahren beginnt das Kleinkind, sich ordnend (z.B. nach Größe), sortierend (z.B. nach Farbe) und umfüllend (z.B. nach Stück) mit Mengen, Größen, Gewichten und räumlichen Beziehungen auseinan- der zu setzen. Seine Kreativität entwickelt es in ersten Rollenspielen (z.B. mit Puppen oder Spieltieren) und entfaltet beim Bauen von Zufallspro- dukten im Alter von 2,5-3 Jahren Fantasien bis zu dreidimensionalen Bauten.

Spielen bedeutet für ein Kind Arbeiten, um zu lernen. Spielte es im ersten Lebensjahr noch vorrangig mit seinem Körper, so beschäftigt es sich im zweiten Lebensjahr mit Gegenständen unter einem hohen Anteil an eigener Fortbewegung (Lokomotion), dem so genannten *Funktions- spiel*. Spontan und ohne Druck entfaltet das Kind seine Kreativität. Es läuft, hüpft, zieht und schiebt, wobei es von gesellschaftlichem Kontakt angespornt wird, d.h., dass es zwar die Nähe zu anderen sucht, aber auch gerne zuschaut *(paralleles Spielen)*. Lernen ist auch immer ein *so- zialer Prozess* in wechselseitigem Austausch. Auf Grund des erweiterten Wortverständnisses gewinnen zweisignalische Informationen, z.B. das gesprochene Wort und die darauf abgestimmte Gestik oder Mimik, an Bedeutung (vgl. MEINEL/SCHNABEL 1998).

Auch im dritten Lebensjahr wird die Qualität der kindlichen Handlungen gesteigert. Das Kind übt sich an und mit Gegenständen oder anderen Kindern, erprobt und misst seine körperlichen Fertigkeiten, macht Erfah- rungen und setzt seine geistigen Fähigkeiten und seine Gestaltungskraft ein. Je nach unterstützenden Möglichkeiten und Veranlagung baut das Kind seine eigene Geschicklichkeit und Selbstständigkeit auf und aus.

Zum Erlernen der elementaren Bewegungen lassen sich vier Anbah- nungsmöglichkeiten unterscheiden:

◆ **Situatives Lernen:** Durch Situationen und Verhalten in Form von körperlichen und geistigen Herausforderungen sowie gezielten Bewegungsaufforderungen den Lernprozess einleiten.

◆ **Praxis elementarer Selbstbefähigung durch Lernmotivation und Lernerfolg:** Kinder werden nicht ungeschickt geboren; sie brauchen Möglichkeiten

◆ zum Bewegen in allen Variationen,

◆ zum Wiederholen, um aus Erfahrungen zu lernen,

◆ zum Ausleben des somit entfachten eigenen Antriebs.

◆ **Es gibt kein zu früh – Lerneröffnung und Lernziel:** Besonders günstig ist es, Kindern so früh wie möglich Gelegenheiten, Gegenstände, Instrumente usw. *gezielt* anzubieten, um sie in Geschicklichkeit, Bewegungskombination sowie im Bewegungsgedächtnis auszubilden.

◆ **Leistungssteigerung ohne Leistungszwang durch Fördern statt Fordern:** Die Bewegungen werden flüssiger, das Kind fühlt sich bestärkt, gewinnt an Sicherheit und ist ermutigt zur nächsten/neuen Bewegung, wenn ihm im ganz persönlichen Zuspruch sein Handeln bewusst gemacht und die Qualität seines Handelns durch Lob bestätigt wird.

2.5 Hygienisches Verhalten – den Windeln entwachsen

Das Aktivsein eines Kindes erweitert sich im motorischen Bereich im Verlauf des zweiten und dritten Lebensjahres auch auf die Bereiche der Nahrungsaufnahme und Entleerung. Voraussetzung für die Übernahme von Gewohnheiten bei Ernährung und Reinlichkeit ist das Verhandensein ausgereifter neuronaler Strukturen sowie der eigene Antrieb des Kindes, sich den Erfordernissen der Gesamtsituation zu stellen (vgl. TROMBINI 1970, 3ff.).

Anders als in häuslicher Routine bedarf das Kind in fremder Umgebung einer erneuten Orientierungsphase. Bezogen auf die Situation im Schwimmbad, kann hier das Töpfchen am Beckenrand hilfreich sein, das Kind im Zuge seiner Sauberkeitsentwicklung zu unterstützen. Erst im dritten Lebensjahr entwickelt das Kind im Allgemeinen den Wunsch, die Toilette benutzen zu wollen.

Beim Säugling läuft das Entleerungsverhalten reflektorisch und sehr häufig ($\sim$ 30 x/Tag) ab, sobald die kleine Blase gefüllt ist. Im Zuge der neuralen Entwicklung reduziert sich zwischen dem sechsten und zwölften Monat die Harnabgabefrequenz durch unbewusste Hemmung. Diese Hemmung nimmt im zweiten Lebensjahr weiter zu, während sich parallel das Gefühl für *Harndrang* entwickelt.

Gegen Ende des zweiten Lebensjahres kann das Kind seine Schließmuskeln hinlänglich kontrollieren und nimmt seine Drang- und Urinierempfindungen offensichtlich wahr. Die Häufigkeit des Entleerens reduziert sich im dritten Lebensjahr auf bis zu 10 x/Tag. Bis zum vierten Lebensjahr hat die Blase eine Kapazität erreicht, dass das Kleinkind in der Lage ist, willkürlich Harn selbst bei geringer Blasenfüllung abzugeben bzw. seinen Drang aufzuschieben (vgl. HAUG-SCHNABEL, 1990, 35).

Die stabile Sauberkeitskontrolle beginnt erst in einem Alter von 3-4 Jahren (vgl. BRINTZINGER 1991, 190ff.). Laut einer statistischen Auswertung ist die *Darmkontrolle* bei 97% aller Kinder mit drei Jahren vorhanden. Die *Blasenkontrolle* tags und nachts wird erst im Alter von fünf Jahren bei 90% der Kinder erreicht (vgl. LARGO/GIANCIARUSO/PRADER 1978, 155).

Auch die psychische Reife des Kindes für das eigene Reinlichkeitsempfinden ist gewöhnlich in diesem Alter erreicht. Dann hat das Kind eine Art Ordnungssinn entwickelt und den kritischen Punkt hin zum Eigentumsbegriff überwunden, indem es den Spannungszustand von Blase und Darm bemerkt und feuchte Kleidung als unangenehm empfindet. Das Kind möchte, unabhängig von äußeren Forderungen, eine Handlungsweise entwickeln, die ihm das Gefühl der Sicherheit vermittelt, indem es seine eigene Notdurft wahrnimmt, seinen Wunsch äußern und sich entleeren kann.

Diese Entwicklung verläuft sehr vielschichtig und basiert auf der Motivation zum Selbstmachen, den Qualitäten der Wahrnehmung und den Einordnungsprozessen in die Gesamtsituation (vgl. TROMBINI 1970, 3ff.).

Nicht zu vergessen ist das psychische Moment bei der Erziehung zur *Sauberkeit*. Wichtig ist, dass das Kind Harn und Stuhl als natürliche Exkremente kennen lernt, nicht in harter Ansprache Angst- und Schamgefühl entwickelt, sondern Lob und Anerkennung über seinen schrittweisen Fähigkeitserwerb in geduldiger Atmosphäre erfährt. Übersteigerte Reinlichkeitsansprüche oder abwertende Äußerungen wirken in der *analen Phase* kontraproduktiv (vgl. BRINTZINGER 1991, 190ff.).

2.6 Bewegungsauffälligkeiten und Wahrnehmungsstörungen

In diesem Abschnitt wird ein grobes Spektrum an Bewegungsauffällig-keiten und Wahrnehmungsstörungen vorgestellt und werden Hinweise für die Maßnahmen in der Unterrichtspraxis des Eltern-Kind-Schwim-mens gegeben.

Da Bewegungsentwicklung individuell und variabel verläuft, ist es allge-mein schwierig zu entscheiden, wann sich ein Kind *normal* und ab wann es sich bereits *auffällig*[7] bewegt. Bewegen sich mehrere Kinder in einer Gruppe gemeinsam, so fallen individuelle Besonderheiten deutlicher auf. Entscheidend sind die Erkenntnisse der Eltern; sie kennen ihr Kind durch den ständigen Umgang im Regelfall am besten, wissen sein situa-tionsspezifisches Verhalten einzuschätzen und sollten bei aufkommen-der Unsicherheit, z.B. mit dem Kursleiter und dem Kinderarzt, das Ge-spräch suchen, um ihrem Kind frühzeitig und in angemessener Art und Weise helfen zu können.

Da zwischen zwei und vier Jahren üblicherweise keine ärztliche Entwick-lungsuntersuchung durchgeführt wird[8], sollten Eltern bei Entwicklungs-auffälligkeiten ihres Kindes unbedingt den Rat eines Experten einholen. Dabei können z.T. ohne besonderen Aufwand, also quasi im spieleri-schen *Nebenbei*, gleichermaßen Bewegungen zielgerichtet gefördert werden, die sowohl präventiv als auch therapeutisch wirken. Grundsätz-lich gilt:

Je frühzeitiger Abweichungen erkannt werden und je gezielter dagegen vorgegangen wird, desto eher vergrößert sich der Therapieerfolg und verringert sich der Entwicklungsrückstand.

---

[7] Es wird unterschieden zwischen dem *bewegungsarmen* und *kraftlosen* Kind (still, spielt gern allein, einfaches und problemloses Kind), dem *unruhigen* und *unkonzent-rierten* Kind (zappelig, ständig unterwegs, erkundet flüchtig, spielt kurzweilig, tobt gern draußen, anstrengendes Kind) und dem gegen Bewegung und Bewegtwerden *überempfindlichen* Kind (hat bei allen Handlungen Schwierigkeiten, ist ungeschickt, vermeidet Bewegung aller Art).

[8] U7 bis 24 Monate, U8 ab 43 Monate (vgl. ZENTRALINSTITUT FÜR KASSENÄRZTLICHE VERSORGUNG 1991).

Treten während der Entwicklung Bewegungsauffälligkeiten oder Wahrnehmungsstörungen auf, so drücken sich diese vorliegenden Verarbeitungsstörungen des Aufnehmens, Weiterleitens oder Verarbeitens von Reizen im Gehirn aus. Sie können von den Sinnesorganen (z.B. Über- und Unterempfindlichkeiten von Auge, Ohr) oder vom Gehirn verursacht worden sein (z.B. Sauerstoffmangel vor, während oder nach der Geburt, Frühgeburt, minimale Hirnblutung).

Informationen werden von folgenden sieben Sinnessystemen aufgenommen:

1. **Taktiles System:** Berührungs- und Bewegungsreize werden über die Hautoberfläche aufgenommen. Es reagiert schützend (*protopathisch*) und beurteilend (*epikritisch*). Durch die Tiefensensibilität wird der Ort der Berührung, des Drucks oder der Vibration exakt verortet.

2. **Gleichgewichtssystem oder vestibuläres System:** Visuelle und Lagereize werden gekoppelt und regulieren die Muskelspannung[9]. Kann ein Gegenstand/eine Situation nicht mit den Augen festgehalten werden, deutet dies auf eine Störung des Sehsinns hin und zwar hinsichtlich der Verarbeitung des Gesehenen.

3. **Propriozeptives oder kinästhetisches System:** Das Wahrnehmen und Empfinden der eigenen Bewegung wird bei Berührung und Druck von Muskeln, Sehnen, Gelenken registriert und weitergeleitet. Dem eigenen körperlichen Aufbau entsprechend und mit dem natürlichen Wissen um die körperlichen Außengrenzen (Körperschema) wird der weitere Bewegungsablauf bestimmt, sozusagen auch realistisch geplant.

4. **Visuelles System:** Die Augen erkennen das Objekt (Vorder- und Hintergrundunterscheidung), die Formkonstanz (Erkennen der Gegenstandsart), die Raumlage (unten, oben, vorne, hinten, seitlich) und räumliche Beziehungen.

5. **Akustisches System:** Es wirkt in zweifacher Hinsicht. Während die Ohren Höreindrücke sammeln, formt der Mund Töne zur Sprache[10].

6. **Gustatorisches System:** Über die Geschmacksnerven auf der Zunge wird im Mund die Oberflächenbeschaffenheit, die Konsistenz und der Geschmack von Stoffen ermittelt und unterschieden.

7. **Olfaktorisches System:** Mit dem Geruchsorgan, der Nase, werden Gerüche wahrgenommen und in ihrer Ausstrahlung unterschieden und bewertet (süßlich, ätzend, mild, scharf, angenehm usw.).

Im Gehirn werden alle Sinneseindrücke[11] zu einer Ganzheit zusammengeführt; d.h., hier findet die so genannte *sensorische Integration* statt, wodurch das Lernen und das angepasste Reagieren ermöglicht werden.

Lernschwierigkeiten entstehen, wenn
◆ Wichtiges nicht von Unwichtigem unterschieden werden kann.
◆ unerwünschte Sinnesreize nicht abgeblockt oder gefiltert werden können und diese damit das Gehirn überfluten. Durch permanentes *Ablenken* wird kein längeres Beschäftigen mit einer Sache möglich.
◆ die Reize in ihrer Qualität von den Sinnen unzureichend aufgenommen werden.
◆ Bewegungen nicht wiederholt und das Erlernen von Routine *(Automatisierung)* erschwert wird.
◆ Reizinformationen nicht erkannt, nicht verknüpft (koordiniert) werden[12].

Zu den häufigsten Wahrnehmungsstörungen in den ersten Lebensjahren zählen (vgl. PAULI/KISCH 1996):
◆ Störungen der Grundspannung der Muskulatur *(Muskeltonus* zu hoch oder zu niedrig). Man unterscheidet *hypotone* (schlaffe) Kinder und *hypertone* (überspannte) Kinder. Während sich die Ersteren als überbeweglich, haltungsschwach, schwerfällig, langsam, kraftlos und reaktionsträge beschreiben lassen, wirken die Bewegungen bei Letzteren verkrampft (besonders im feinmotorischen Bereich), steif, unrhythmisch, unharmonisch, grob und zu weiträumig. Sowohl hyper- als auch hypotone Kinder ermüden schnell, was zu Bewegungsunlust führt. Schlaffe Kinder bewegen sich mühsam und ungern.

---

9 80% der entwicklungsgestörten Kinder haben Schwierigkeiten mit der Gleichgewichtsregulierung (vgl. PAULI/ KISCH 1996, 73).

10 70% der Kinder mit verzögerter Sprachentwicklung haben Störungen in der Verarbeitung der Basissinne (vgl. PAULI/ KISCH 1996, 80).

11 Die sieben Sinne werden nach ihrer Bedeutung unterteilt in *Nahsinne* (Basissinne), wobei der Körper mit der Reizquelle in Kontakt steht (Tastsinn der Hand, Gleichgewichtssinn im Labyrinth des Innenohrs, Bewegungssinn der Muskeln, Sehnen und Gelenke, Geschmackssinn der Zunge und des Gaumens) und *Fernsinne* mit vom Körper entfernter Reizquelle (Sehen, Hören, Riechen). Gut integrierte Nahsinne sind die Grundlage für eine optimale Entwicklung der Fernsinne.

12 Das Koordinieren von Sinneswahrnehmungen beginnt im Alter von 3-4 Monaten. Mit 8-9 Monaten werden zeitliche und räumliche Reizinformationen erkannt, gespeichert, in Handlung umgesetzt und bewusst wiederholt (z.B. Bauklötze aneinander schlagen).

Sie meiden Bewegungen und sind nicht bereit, sich anzustrengen, mit der Folge, dass sie motorisch zurückbleiben. In der Praxis lässt sich dem durch schnelle und kräftige Bewegungen in der aufrechten Körperposition entgegenwirken, die den Tonus steigern (z.B. durch Hüpfen, Toben, Drehen, Klettern und Werfen mit gewichtigen Materialien). Langsame, behutsame und bewusste Bewegungen in ruhender Körperlageposition senken den Tonus (z.B. Schaukeln, feinmotorische Steck- und Sortierspiele, Massage).

◆ Störungen im Zusammenwirken von Muskelgruppen, Muskelketten und Körperteilen (geringe *Koordination*): Sie werden deutlich, wenn Bewegungen des Körpers oder einzelner Körperteile nicht aufeinander abgestimmt ablaufen und auch nicht isoliert (dissoziiert) ausgeführt werden können, sondern ungewollte, so genannte *assoziierte Mitbewegungen* auftreten oder wenn die Großhirnhälften, welche die jeweils gegenüberliegende Körperseite steuern, nicht fehlerfrei zusammenarbeiten. Im Kleinkindalter sind bereits die drei wesentlichen Körperkoordinationsbereiche beobachtbar: Die *Hand-Hand-Koordination* (z.B. beim Klatschen, Perlen fädeln), die *Auge-Hand-Koordination* (z.B. beim Turmbauen, Zielwerfen) und die *Hand-Fuß-Koordination* (z.B. Treten und Lenken beim Dreiradfahren, Klettern). Bis zum 18. Monat sollte das Kind noch keine Körperseite überwiegend bevorzugen, damit Überkreuzbewegungen (z.B. beim Krabbeln) einen gleichmäßigen Aufbau ermöglichen und sich die Kinder richtungsstabil bewegen. Später beginnt der *Lateralisierungsprozess*, indem eine der beiden Großhirnhälften vermehrt aktiviert wird. Die *Händigkeit* bildet sich bis zum fünften Lebensjahr heraus.

◆ Störungen beim Aufnehmen von Ereignissen nach Anzahl und Richtung (*Aufmerksamkeit – Konzentration*): Sie werden im Falle der Reizüberflutung besonders deutlich, wenn ein Kind sich vermehrt ablenken lässt, kaum zuhört, keine Tätigkeit von besonderem Interesse herausbildet, sondern Tätigkeiten häufig wechselt und demnach schnell ermüdet. Hier ist es ratsam, das Kind durch festen Körperkontakt zu binden (eventuell Massage), ihm ganz gezielt nur wenige Spielsachen anzubieten, es in wiederkehrenden, festen Rhythmen zu betreuen und an Rituale zu gewöhnen als auch eindeutige Handlungsanweisungen zu formulieren und an deren Einhaltung zu arbeiten. Damit erfährt das Kind den notwendigen Halt, erlangt Orientierung und gewinnt Sicherheit. Bei *Hyperaktivität* helfen dem Kind einfache, wechselnde Impulse, damit es befähigt wird, sich zu steuern (z.B. durch Drehen mit Richtungswechsel, Loslaufen mit Zwischenstopps).

◆ Störungen des Tastempfindens *(taktile Überempfindlichkeit)*: Wegen Schwächen in der zentralnervösen Erregerleitung werden Berührungen als unangenehm empfunden. Weil in solchen Fällen die Reizschwelle sehr niedrig liegt, sollten für diese Kinder plötzliche Lageveränderungen vermieden werden. Sehr behutsames Behandeln und Berühren beim Schmusen, Tragen und Schaukeln und allmähliche Streichungen mit verschiedenen Materialien (Schwamm, Bürste usw.) helfen, die Überempfindlichkeit abzubauen. Danach gilt es, das Tastempfinden zu trainieren, z.B. durch Spielen in Begrenzungen (Mattentunnel), Nacktspielen, Barfußlaufen, Drehen und Schaukeln auf dem Schoß und Spielen mit anderen Kindern, sodass wieder Normalität einkehrt.

◆ Störungen der Gehirnfunktion *(minimale zerebrale Dysfunktion=* MCD): Sie stehen als Sammelbegriff für leichte Bewegungs- und Wahrnehmungsauffälligkeiten, die einhergehen mit einer Reihe der zuvor genannten Auffälligkeiten, z.B. reduziertes Vermögen der Informationsaufnahme, verringerte Gedächtnisfunktion, Verarbeitungsschwächen visueller, auditiver, taktil-kinästhetischer und vestibulärer Informationen, Verknüpfungsprobleme, zentrale Integrationsschwierigkeiten oder fehlende Feedback-Kontrollmechanismen. Sie äußern sich in Hyperaktivität, motorischen Auffälligkeiten oder sprachlicher Retardierung.

Bewegungsraum Wasser

3 Eltern und Kursleiter

3.1 Die Elternrolle im Verlauf der kindlichen Persönlichkeitsentwicklung

„Eltern sollten sich als Partner des Kindes verstehen, d.h.,
sie sollen das Kind anregen, sich aber auch vom Kind anregen lassen"
(DIEM 1974).

Im Verlaufe der Entwicklung des Kindes können sich seine Emotionen kurzfristig ändern, ein Zustand, den die Eltern stets vorausschauend für ihr Verhalten gegenüber dem Kind einkalkulieren sollten. Am Anfang des zweiten Lebensjahres (13-16 Monate) zeigt das Kleinkind geradezu launisches Verhalten. Einerseits sucht es die körperliche Nähe, andererseits wehrt es sich und möchte nicht mehr gehalten und getragen werden. Dann wiederum sucht es häufig Rückhalt für sein Tun bei seinen Eltern. Die Bedürfnisse sind nur schwierig anhand seiner Körpersprache einzuschätzen.

Im Alter von 17-20 Monaten hat das Kind gelernt, die elterliche Aufmerksamkeit zu binden, und versucht, diese durch positive wie negative Einfälle zu kontrollieren. Diese frühe Trotzphase verlangt den Eltern pädagogisches Einfühlungsvermögen ab, nämlich dem Kind anregende Beschäftigungsansätze anzubieten, die sein Interesse finden, und es gleichzeitig dazu auffordern, eigenständig nach Lösungen zu suchen.

Bis zu einem Alter von zwei Jahren (21-24 Monate) verweigert das Kind häufig die Zusammenarbeit *(Kooperation)*. Dann gilt es, diese Sperre zu lösen. Wird dem Kind z.B. angeboten, *mitzuhelfen*, ohne ihm dabei Aufgaben direktiv vorzugeben (z.B. Arbeiten im Haushalt, Schwimmsachen packen, sich auskleiden), fühlt sich das Kind eingebunden, denn es kann sein Wissen einbringen und wird gebraucht. Pädagogisch nützliche Hilfen bieten dabei stets Lob und Anerkennung, natürlich auch Tadel, wenn nötig.

Von 25-28 Monaten verhält sich das Kind allgemein sehr umgänglich. Es gibt sich aktiv und lebendig. Es entwickelt Eigenständigkeit und verweigert sich, wenn es Kontrollverhalten der Erwachsenen spürt.

Beim Schwimmunterricht ändert sich das Rollenverhalten des immer selbstständiger werdenden Kindes (29-32 Monate), was von Seiten der Eltern als auch des Kursleiters berücksichtigt werden muss. Für Neueinsteiger empfiehlt sich eine separate Gruppe, um ihr das Einordnen und Orientieren zu erleichtern und sie nicht zu überfordern. Später weiß das Kind dann, was es erwartet, wie der Unterricht abläuft und ist mit Kursleiter und Gruppe vertraut. Es kann still sitzen, zuhören, abwarten und ist zufrieden, wenn es seine Aufgaben erfüllt hat und dies auch vom Kursleiter anerkannt worden ist.

Hat sich das Kind an die Einwirkung des Kursleiters gewöhnt, so ordnet es sich diesem unter. Kritik nimmt das Kind nun bereitwilliger von ihm als von seinen Eltern an. Es zeigt nicht selten sein Können mit Stolz den Eltern, woraus deutlich wird, dass sich deren Rolle wandelt. Das Kind will seinen Bewunderern gefallen, gerät jedoch leicht unter Druck, wenn ihm eine Aufgabe misslingt.

Mit steigender Selbstbefähigung und Eigentätigkeit des Kindes werden die Eltern zu Begleitern (Zuschauer- und Assistenzrolle). Bei Spielideen und gestellten Aufgaben, auch in Verbindung mit anderen Teilnehmern, also der Gruppe oder dem Kursleiter, fungieren die Eltern als Übersetzer (Vermittler). Dabei helfen sie dem Kind, die Bewegungen auszuführen, es zu sichern und verbal zu ermuntern. Im Bewusstsein dieser für die Eltern neuen Rolle obliegt es ihnen, das Kind zu motivieren oder zu trösten und Mut zu machen, anstatt Druck auszuüben und zu bewerten (vgl. KOCHEN/McCABE 1986, 55ff.).

Ab dem dritten Lebensjahr verlangt das Kind die Eltern als *Spielpartner*. Das Mitmachen weckt und erhöht den Spielreiz. Weil das Kind nun fähig ist, Beobachtetes nachzuvollziehen und verbale Erklärungen umzusetzen, kommt den Eltern in diesem Kindsalter eine bedeutsame Rolle als Vorbild zu (*Modellwirkung* der Eltern). Die Intensität ihres Mitwirkens, nämlich, wie aufmerksam und aktiv sie selbst am Unterricht teilnehmen, wie positiv sie dem Wasser gegenüber eingestellt sind, wie sie sich in die Gruppe integrieren, kann das Unterrichtsgeschehen förderlich unterstützen.

Sollte das Kind unentschlossen dem Unterricht gegenüberstehen, empfiehlt es sich, es zunächst das ganze Geschehen beobachten zu lassen. Vater und/oder Mutter sollten demonstrativ am Unterrichtsgeschehen teilnehmen und die Bereitschaft des Kindes herauslocken. Nach einiger Bedenkzeit wird es seine Isolation verlassen und mitspielen.

Bei Neueinsteigern löst sich die anfängliche Unsicherheit und innere Abwehrhaltung im Allgemeinen nach vier Unterrichtsstunden auf. Mitunter verweigert sich ein Kind plötzlich innerhalb des Unterrichts einer Aufgabe. Auch hier gilt es zunächst, wie oben beschrieben, abzuwarten, bevor Alternativaufgaben ausprobiert werden. Eine kurze *Auszeit* mit Unterbrechung (Warten außerhalb des Beckens oder auf den Beckenstufen) stellt nur in Einzelfällen eine geeignete Lösung dar.

3.2 Der Kursleiter als Ratgeber, Situationsgestalter und Bezugsperson für Eltern und Kinder

Der Kursleiter ist vielseitig als Fachmann und pädagogischer Ratgeber gefordert.

Zunächst sind die Rahmenbedingungen zu beachten, dass nämlich jedes Kind grundsätzlich mit seinem Namen anzusprechen ist. Die namentliche Bekanntheit untermauert die Offenheit. Der Kontakt wird vertieft, indem das Kind auch gelegentlich vom Kursleiter im Wasser getragen wird. Mit wachsendem Sprachverständnis des Kindes, besonders im dritten Lebensjahr, wird die Verständigung zwischen Kursleiter und Kind erleichtert.

Soll ein Kind erfolgreich durch den Unterricht geführt werden, bedarf es der Informationen über seine Entwicklung:
Diese liefert u.a. die Anwesenheitsliste, in der die Gründe für Abwesenheit festgehalten werden. Wenn nun der Kursleiter die *Inhalte* vermittelt, um die kindliche Entwicklung zu fördern und den Eltern Hinweise zu den Griff-, Wassergewöhnungs- und Tauchtechniken zu geben, sind diese *entwicklungsgemäß* zu gestalten. Aufkommende Fragen sind begründend zu erklären.

Bewegungsideen und Anregungen sollen wegen der gerade im zweiten Lebensjahr häufig schwankenden Tagesform stets mehrere Lösungen offen halten, um den Verlauf so variieren zu können, dass die Kinder folgen. Die *Aufgaben* sind in ihrem *Schwierigkeitsgrad* dem aktuellen Leistungsstand des Kindes entsprechend auszuwählen und anzupassen, sodass die Kinder sie stets als *Entdecker* erleben.

Es gilt, Interesse und Bereitschaft zu wecken und dabei die Bewegungsaufgaben für sie lösbar zu gestalten. Es kommt auf die angemessene Dosierung an: Liegen die Anforderungen zu hoch, resigniert ein Kind leicht (Furcht vor Misserfolg).
Das gilt besonders im dritten Lebensjahr, wenn das Kind das Vorhaben geistig strukturieren und einschätzen kann. Wird dem Kind Zeit gewährt, Bewegungen zu wiederholen, schöpft es Mut. Ist die Aufgabe

hingegen zu einfach, erlahmt das Interesse des Kindes, weil der Anreiz fehlt; und es beginnt zu albern und wendet sich ab.

Methodisch hat sich deshalb ein vielseitiger, abwechslungsreicher und für jeden zum Erproben angelegter Bewegungsparcours (Stationsbetrieb) bewährt, bei dem jedes Kind seine gegenwärtigen Interessen ausleben kann. Je stabiler und sicherer sich ein Kind bei den Übungen entwickelt, desto mehr verlangt es danach.

Werden Mittel und Hilfen eingesetzt, so sind vorher deren Zweck und Wirkung einzuplanen: *Geräte* sollen *Aufforderungscharakter* haben.

Folgendes sollte ein Kursleiter unbedingt beachten:
◆ Das Eltern-Kind-Verhältnis vertrauensvoll unterstützen.
◆ Kinder mit ihren Eltern aktivieren (ansprechen, vormachen), sich entsprechend zu bewegen.
◆ Den Unterricht strukturieren und den klaren Ablauf wahren, helfen, sichernde Maßnahmen treffen; Geräte und Material vorbereiten und flexibel einsetzen; kontrollieren, dass die Sicherheitsregeln eingehalten werden, gegebenenfalls einschreiten.
◆ Die Gruppe zusammenführen, Hemmungen abbauen, zu gegenseitiger Hilfestellung anregen.
◆ Möglichst wenig korrigierend eingreifen, stattdessen Bewegungshilfen anbieten. Ein Kursleiter sollte befähigt sein, eine Aufgabe in methodische Schritte zu zergliedern.
◆ Kinder und Eltern mit Aufgabenstellungen in den Unterricht einbinden, z.B. durch unterschiedliche Aufgabenstellungen (Elternsprache, Kindersprache) oder Erwachsene für spezielle Sicherheitsstellungen einteilen.
◆ Eltern ermutigen bzw. beruhigen, wenn das kindliche Verhalten an den Nerven zerrt; derartigen Situationen mit Verständnis und Herz begegnen.
◆ Aufgaben erst ankündigen, wenn *alle* Teilnehmer aufmerksam folgen. Dabei langsam und verständlich sprechen. Maßstab ist der noch geringe Wortschatz des Kindes.
◆ Den Eltern und Kindern hinreichend Zeit und Gelegenheit geben, um sich mit dem eingesetzten Material *vor* der Übung auseinandersetzen zu können.

◆ Lehrmethodisch ist zu beachten: Je jünger die Kinder, desto häufiger sind Wechsel der Übungen, des Ortes, der Organisationsformen bei kurzen Wartezeiten vorzunehmen.

◆ Der Kursleiter kommuniziert stets auf gleicher Augenhöhe mit Kindern und Eltern, weil er sie andernfalls nicht erreicht und nicht die erwünschte Zuwendung erlangt.

4 Das Kleinkindschwimmen

4.1 Bedeutung und Zielsetzung von Bewegung, Spiel und Sport für Kleinkinder

„Ein gesundes Kind will immer tätig sein. Gebt dem Kind zu tun,
das sind die schönsten Gaben. Das Kind, es kann nicht ruhen,
es will zu schaffen haben!"

(FRÖBEL)

Sich in zunehmendem Lebensalter einstellende körperliche und seeli-sche Schwierigkeiten und Gebrechen finden ihre Wurzeln mitunter in frühester Kindheit. Lebensweise, Wohnverhältnisse, fortschreitende Tech-nisierung und Automatisierung zu Lasten einer ausgewogenen körperli-chen Betätigung (Auto statt Fahrrad, Fernsehen statt Spazierengehen) in der Freizeit machen einer gesunden Lebensweise nicht selten den Platz streitig. Um den zahlreichen möglichen Erkrankungen des Herz-Kreis-lauf- und Atmungssystems, Stoffwechselstörungen, vegetativen Fehl-steuerungen sowie Muskulatur-, Bänder-, Bindegewebs- und Haltungs-schwächen und Störungen der motori-schen Koordination auf Grund mangelnder Bewegung vorzubeugen, ist es notwendig, frühzeitig diesen durch geeignete Bewe-gungsförderung entgegenzuwirken.

Es gilt, die organisierten Bewegungs- und Spielmöglichkeiten als Hilfen zu nutzen, um das Kind in seiner Entwicklung, sei-nen Fähigkeiten, seiner Persönlichkeit ganzheitlich zu fördern und vorbeugend zu stärken.

Frühe Bewegung im Wasser fördert die körperliche gesunde Verfassung der Kin-der und deren motorische Aktivität. Sie regt die Kinder freudig zur Bewegung an und lässt sie in der Gruppe soziales Ver-halten einüben.
Die Bedeutung der Wassergewöhnung

im Sinne vorbereitender Übungen noch vor dem Schwimmenlernen, um sich mit dem Medium vertraut zu machen, ist aus der *Grundsatzlehrweise* zum Anfängerschwimmen bekannt (vgl. LORENZEN 1969; WILKE 1979, 37ff.). Die Entwicklung der Sport-, Bewegungs- und Alltagskultur im Allgemeinen, aber auch des Eltern-Kind-Schwimmens im Speziellen, sollte ganzheitlich und *mehrperspektivisch* betrachtet werden. Sich im Wasser zu bewegen, wird nicht mehr auf die sportspezifische Sinnebene begrenzt, sondern bietet Möglichkeiten zu Spiel und Vergnügen, Entspannung und Ausgleich, Fitness und Therapie, sozialem und körperlichem Kontakt. Das Kleinkindschwimmen ermöglicht Kindern, sich gemeinsam mit ihren Eltern körpernah und intensiv zu bewegen und das körper-, sinnes- und bewegungsstimulierende Wasser gemeinsam zu erleben und zu entdecken.

Die wesentlichen Zielsetzungen

◆ Kinder ihren Drang nach Bewegung ausleben lassen und ihrem Bedürfnis nach Bewegung Zeit, Verständnis und Raum geben.

◆ Zu gesunder, selbstständiger, freier und unverkrampfter Entwicklung des Kindes beitragen.

◆ Intensivierung der Eltern-Kind-Beziehung durch Hautkontakt, gemeinsames Erleben und Stärken des gegenseitigen Vertrauens.

◆ Kräftigung des Herz-Kreislauf- und Atmungssystems[13] sowie des Knochen-, Band- und Muskelapparats, um Atmungsschwäche und Einschränkungen am Bewegungsapparat vorzubeugen.

◆ Vervollkommnung der Koordination, des Gleichgewichts und der Körperkontrolle durch anregende, bilaterale Bewegungen.

◆ Verbesserung von Körperhaltung und Verhinderung von Fußschwächen, indem Muskulatur gekräftigt und Gelenke geschmeidiger werden.

◆ Sensibilisierung für Sinnes- und Körperwahrnehmungen.

◆ Energien entfalten und körperlichen Ausgleich schaffen für geistige Leistungen.

◆ Soziales Verhalten und Fähigkeiten durch Bewegungsspiele in der Gruppe anbahnen/einüben/fördern.

◆ Gewöhnung an das Medium Wasser und Vorbereitung auf die Grundbewegungsformen zur Wasserbewältigung.

◆ Regulierung des Schlafverhaltens und des Appetits (Sekundäreffekt).

---

13 Die Bewegung in feucht-warmer Luft wird insbesondere Kindern mit asthmatischen Beschwerden empfohlen (vgl. KOCHEN/McCABE 1986, 9).

4.2 Konzept der interaktiven Bewegungsstimulation – gemeinsam die Wasserwelt erleben

Das Kleinkind kann noch nicht schwimmen, ist infolge seines Entwicklungsstands noch nicht fähig, Gefahren zu erkennen und einzuschätzen. Es ist deshalb auf den Schutz und die Begleitung eines Erwachsenen angewiesen. Von den Eltern oder in der Gemeinschaft mit anderen Kindern kann es beste Anregungen zum Erproben und Lernen erhalten. In einer Gruppe besteht der Vorteil, dass im Prozess des Miteinanders alle Beteiligten dasselbe Anliegen haben, nämlich Kontakte zu knüpfen, sich zu gemeinschaftlichem Handeln zu treffen und sich gegenseitig zu unterstützen. Die Interaktionsmöglichkeiten sind vielfältig:

Kinder spielen neben anderen Kindern oder mit diesen und Eltern kommunizieren untereinander. Die Gruppe als den Einzelnen unterstützende Gemeinschaft erlebt in Unterrichtsform, wie die Lehrinhalte des Kursleiters von Kindern und Eltern angenommen, gemeinsam erprobt und eigenständig weiterentwickelt werden.

Kleinkinder sind anspruchsvoll: Sie verlangen viel Aufmerksamkeit, genießen Publikum und Lob, entwickeln Eigenständigkeit bis zur Hartnäckigkeit. Dann suchen sie Vorbilder zum Orientieren und Lernen. Sie erproben während ihrer Entdeckungen mutig ihre Grenzen und suchen gleichzeitig Schutz und Deckung, um sich anzulehnen.

Die gemeinsame Aktivität im Wasser macht Eltern die *Individualität, Einmaligkeit* und *Eigenart* ihres Kindes bewusster. Durch ständige Blickverbindung und körperlichen Kontakt spürt das Kind Aufmerksamkeit und fühlt sich sicher und wohlig angenommen.

Der Einsatz von Schwimmhilfen ist allgemein im Unterricht nicht vorgesehen. Hautkontakt, Kommunikation, gegenseitige Aufmerksamkeit und gemeinsames Spielen sollen uneingeschränkt praktiziert werden, weil ein Kind gerade in den ersten drei Lebensjahren seine Bindungsfähigkeit erfährt. Die Eltern ihrerseits erfahren im gemeinsamen Tun und Erleben und ständig beobachtend mehr über die Fähigkeiten ihres Kindes. Sie werden bestärkt, ihm mit steigender Eigenständigkeit mehr Freiraum zu gewähren.

4.3 Bewegungslernen und Schwimmverhalten

Der motorische Lernprozess erfolgt in drei Stufen: *Grobkoordination, Feinkoordination und Feinstkoordination*. Bei der Grobkoordination liegt der Schwerpunkt auf der Informationsverarbeitung. Bewegungshandlungen müssen geplant werden, da sie zunächst einmal neu sind. Die Abläufe misslingen noch häufig, müssen wiederholt und verändert werden. Das Kleinkind bedarf eines relativ großen Zeitumfangs, um die neuen Informationen zu verarbeiten, sowie eines hohen und noch unökonomischen Kraftaufwands, um die Bewegungen auszuführen. Das Kind kann die Teilbewegungen noch nicht flüssig – sondern eher eckig und mit undefinierbaren Pausen, Beschleunigungen und Verlangsamungen – aneinander reihen (vgl. SCHEWE 1988, 162ff.). Diese Entwicklungsphase der Funktionen wird als *kognitive Phase* bezeichnet.

  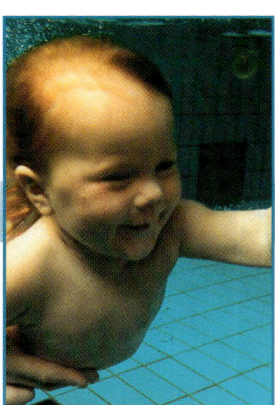

Je weniger Aufmerksamkeit beim Wiederholen einer Bewegung notwendig ist, desto mehr Kapazität kann für die Kopplung an andere Bewegungen frei werden. Es entsteht ein flüssiger Bewegungsablauf und das Kind beginnt, Bewegungen in seiner Vorstellung vorwegzunehmen *(antizipieren)*. Mit dem häufigen Wiederholen und Variieren der Bewegungen bilden sich flexible Bewegungsmuster, -rhythmen und muskuläre Steuerungsmöglichkeiten heraus. Die Phase der Feinform, auch *assoziative Phase* genannt, beginnt, in welcher die Bewegung flüssig ausgeführt, mit den Situationsbedingungen verknüpft und flexibel gestaltet werden kann (ebd.).

Im zweiten Lebensjahr übt und verbessert das Kind seine Bewegungen durch Wiederholung unter Befriedigung seiner *Funktionslust* (Tür auf, Tür zu – Licht an, Licht aus – Wasser einfüllen und ausleeren). Bewegung wird Mittel zum Zweck. Im dritten Lebensjahr enthalten viele Bewegungen (Balancieren, Niederspringen) das prickelnde Gefühl der Ergebnisungewissheit, gepaart mit dem erlösenden Gefühl, wieder festen Boden unter den Füßen zu verspüren oder von den Eltern aufgefangen zu werden. Durch Ausprobieren werden Erfahrungen gemacht; Erlebnisse sensibilisieren die Sinneswahrnehmungen. Die Feinkoordination und die Sicherheit verbessern sich.

Die *autonome Phase*, also die Feinstkoordination, wird erst nach mehreren Jahren erreicht. Erst dann kann die Aufmerksamkeit vom Vollziehen der Bewegungshandlung auf das Ziel der Handlung gelegt werden (vgl. SCHEWE 1988, 165f.).

Wie sich Kleinkinder in Wasser bewegen, ist in Studien von WIELKI/ HOUBEN (1983) und POLLER (1982) untersucht worden. POLLER (1982, 61f.) wertete das Schwimmverhalten von Kindern zwischen dem 19.-24. Lebensmonat aus und stellte fest, dass eine vollständige Aktionskette in Form der Bewegungsfertigkeiten (Springen, Tauchen, Fortbewegen unter Wasser, Hochziehen und Festhalten am Beckenrand) nur in Ausnahmefällen erreicht wird. Die meisten Kleinkinder zeigen einzelne Teile der *Handlungskette*, waren jedoch nicht schwimmfähig, insbesondere, weil sie den Kopf aus der Bauchlage noch nicht zum Luftholen anzuheben vermochten.

Die Entwicklung der Beinbewegungen im Verlauf der ersten 20 Lebens-
monate wurde mit Lichtspuraufnahmen von WIELKI/HOUBEN (1983,
66ff.) aufgenommen und in zwei Phasen beschrieben. Während in der
ersten Phase (3-11 Monate) rund 80% der Bewegungen reflexbedingt
und emotional gesteuert werden, sind in der zweiten Phase (11-20 Monate) die Beinbewegungen willkürlich gesteuert. Die Beine bewegen sich
im ersten Lebensjahr, in Abhängigkeit vom Alters- und Entwicklungsstand, sowohl wechselseitig als auch gleichseitig stoßend und tretend;
dabei nimmt der Körper vorrangig eine flache Bauchlageposition auf
der elterlichen Stützhand ein. Im zweiten Lebensjahr ist das Kind be-
strebt, sich senkrecht im Wasser zu bewegen. Die Beine werden immer
wechselseitig bewegt.

In Abhängigkeit vom Alters- und Entwicklungsstand verändern sich
Hüft-, Knie- und Fußgelenkwinkel, sodass anfangs die Bewegungsform
als stampfend, später als anfersend und nachfolgend als Rad fahrend
beschrieben werden kann. Die Bewegungen, die anfangs keinen Vor-
trieb erzeugen, werden erst im dritten Lebensjahr deutlich kräftiger und
durch das Bestreben des Kindes, sich wieder in die Bauchlage zu legen,
wesentlich effektiver, sodass die Bewegung als (hunde-)paddelnd oder
auch als Beginn der Ausbildung des so genannten „Human Stroke" (vgl.
HUNT-NEWMAN 1967) bezeichnet wurde.

Dieser Ablauf spiegelt sich auch in den Theorien zum motorischen Lernen im Kleinkindalter wider, die aus Beobachtungen und Erfahrungsberichten abgeleitet worden sind (vgl. DIEM 1976, 85ff.):

1. **Adaptionslernen:** Das Kind lernt durch Mitbewegen und Bewegtwerden.
2. **Perzeptives/wahrnehmend-beobachtendes Lernen:** Das Kind lernt Bewegung, indem es seine Aufmerksamkeit richtet und sich der Bewegung bewusst wird. Der Lernprozess ist aktiv-erfassend. Wenn auch die Sinneseindrücke noch nicht reflektiert werden, werden die Eindrücke doch bereits registriert.
3. **Aktives Lernen:** Das Kind erprobt spielerisch Bewegungen und versucht deren Varianten, die nachfolgend zu Fertigkeiten weiterentwickelt werden. Am Widerstand erhöht sich seine Lust, zu versuchen und seine sich selbst gestellte Aufgabe zu lösen. Im Selbsterproben bestätigt sich das Kind selbst und erfährt seine Grenzen.
4. **Einsichtiges Lernen:** Das Kind entwickelt ab dem dritten Lebensjahr ein Interesse daran, wie und warum Bewegung in dieser Art abläuft und gewinnt Einsichten. Mit Neugier erforscht es die Mechanik von Objekten und erfragt Ursache und Wirkung.

Diese Theorien ließen sich noch durch andere klassische Lernmodelle für das Kleinkindalter anreichern (vgl. DORSCH/HÄCKER/STAPF 1994):

1. **Lernen am Modell:** Das Kind beobachtet die Bewegungen von Personen, Tieren oder auch an Puppen und führt diese nachfolgend in Nachahmung aus.
2. **Lernen durch Verstärkung (operantes Konditionieren):** Durch Lob wird das Kind zum Weiterüben und Lernen motiviert.
3. **Lernen durch Signal (Reiz-Reaktions-Lernen):** Nach einem verbalen Signal („1-2-3") lernt das Kind, sich auf eine Bewegung zu konzentrieren und zu reagieren (z.B. vom Beckenrand abspringen).
4. **Vermeidungslernen:** Wird dem Kind regelmäßig eine Bewegung verboten, so lernt es, diese zu unterlassen.
5. **Lernen durch Versuch und Irrtum:** Durch Erproben der eigenen Fähigkeiten und Fertigkeiten lernt das Kind aus erfolgreichen und wirkungslosen Versuchen, wie es der Situation am ehesten gerecht wird.

Lernen beruht auf dem Verarbeiten von Erfahrungen, die auf dem Herausbilden von Assoziationsmustern (Vorstellungen), durch Reiz- kopplung und -verknüpfung oder Klassifizierung von Informationen (Cluster-Bildung) basieren.

Das Lernen von Bewegungen wird im zweiten Lebensjahr ausgelöst durch

◆ Neugier am Funktionieren,
◆ Nachahmen und Wiederholen,
◆ Motivation, nämlich Anerkennen von Leistungen durch Zuspruch und Lob,
◆ Möglichkeiten und Gelegenheiten, variationsreich zu spielen.

Mit steigendem Sprachverständnis und dem Wunsch, das Umfeld zu erforschen und mit anderen Kindern zu spielen, übt sich das Kind darin,

◆ Bewegungsaufforderungen gezielt nachzukommen.
◆ Bewegungsaufgaben problemlösend zu lernen.

In zunächst betrachtender Rolle beobachtet es die Bewegungen anderer, vergleicht und setzt um.

4.4 Forschungsergebnisse, Erfolgserwartung und Ergebnis: Und wann lernt das Kind endlich schwimmen?

Aus den Ergebnissen der MUKi[14]-Studie (vgl. AHRENDT 2001a) zum Einfluss des Säuglingsschwimmens auf die motorische Entwicklung im ersten Lebensjahr wurde deutlich, dass sich durch Schwimmen Körperhaltung und Gleichgewichtsfähigkeit verbessern lassen. Ferner stellen sowohl die regelmäßige Teilnahme als auch die Einstellung und das Verhalten der Eltern zu Körperkontakt und zum Schwimmen eine erstaunliche Einflussgröße dar.

Die Untersuchung von JENNER (2000) kam in einem Gruppenvergleich von durchschnittlich 18 Monate alten Kleinkindern zu dem Ergebnis, dass die Kinder mit Wassererfahrung[15] deutlich vertrauter mit dem Wasser umgingen. Das wurde insbesondere beim Händewaschen und Duschen an/unter einem Wasserstrahl deutlich. Außerdem wurden auch Unterschiede zwischen den Elterngruppen deutlich: Die Schwimmeltern fühlten sich selbst im Wasser wohler als die Eltern der Kinder ohne Wassererfahrung, was einerseits auf einen Wassergewöhnungsprozess, andererseits auf unterschiedliches Interesse und geringere Motivation auf der Elternseite hindeuten kann.

DIEM/LEHR/OLBRICH/UNDEUTSCH (1980, 15) untersuchten den Einfluss der Frühstimulation auf die Entwicklung im dritten und vierten Lebensjahr und ermittelten persönlichkeitsfördernde Einflüsse, wie z.B. bessere situative Anpassung, größere Selbstsicherheit und Selbstständigkeit, die sie auf die frühe Bewegungserfahrung und Förderung zur Eigenständigkeit rückbezogen.

SCHMITT (1987) belegte, dass mit Bewegungsprogrammen und Spielen im Wasser Entwicklungsdefizite und mangelnde Körperkontrolle bei Heimkindern im Kleinkindalter behebbar sind. Er deutete auf die Notwendigkeit hin, die Grobmotorik, den Sozialkontakt und das Sprachverhalten zu fördern.

---

14 Motorische Untersuchung von Kindern im ersten Lebensjahr.
15 Regelmäßige Teilnahme am Säuglingsschwimmen im Alter von drei Monaten.

Welche Erfolge im Kleinkindalter erreichbar sind, hängt sehr von der regelmäßigen Teilnahme, der Gestaltung der Unterrichtsatmosphäre und den entwicklungsgemäßen Inhalten durch eine motivierte Lehrperson, der Mitarbeit der Eltern und nicht zuletzt von den Vorerfahrungen des Kindes ab.

Von Kleinkindern, die bereits am Säuglingsschwimmen teilgenommen haben, ist zu erwarten, dass sie im Sinne des Aufbaus folgende Fertigkeiten im Wasser bis zum dritten Lebensjahr entwickeln:

- Gleichgewichthalten in Bauch- und Rückenlage mit Handunterstützung der Eltern.
- Gleichgewichthalten in Bauch- und Rückenlage mit Gerätehilfe (z.B. Brettern) an den Händen.
- Das Wechseln von der Bauch- in die Rückenlage und das Aufrichten aus der Rückenlage in die Senkrechte.
- Das Drehen mit Richtungswechsel in der senkrechten Position.
- Selbstständiges Untertauchen und Sichhochziehen.
- Das Fortbewegen durch Wechselbeinschlag in Bauch- und Rückenlage mit Schwimmhilfen oder Handunterstützung der Eltern.
- Armbewegungen (Maulwurf, Hundekraul), bei verbaler Aufforderung gleichzeitig zu den Beinbewegungen.
- Am Beckenrand entlanghangeln.
- Wassergewöhnt sein, keine Unsicherheits- und Angstreaktionen beim Wassergusstest oder Wasserspritzern zeigen, seinen eigenen Kopf mit Wasser übergießen.
- Zum Beckenrand gleiten und sich hochziehen.
- Am Beckenrand hängend unter Wasser ausatmen.
- Am Beckenrand hängend untertauchen.
- Eine Hand vom Beckenrand lösen, Körper drehen und vom Beckenrand abstoßen.
- Tauchen nach Gegenständen in stehtiefem Wasser (z.B. auf den Treppenstufen).
- Springen auf Kommando: „1-2-3" und untertauchen.
- Rutschen, 1-3 m Strecke unter Wasser tauchend zu den Händen der Eltern schwimmen.
- Huckepackschwimmen auf dem Rücken der Eltern über und unter Wasser.

Bei Neueinsteigern setzen die Vorerfahrungen aus der Badewanne, der Umgang mit Gruppen und neuen Situationen, die Einstellung seitens der Eltern zum Wasser, kindliches Temperament sowie die Lernbereitschaft den Maßstab für den Zeitumfang, dessen es bedarf, die Lernherausforderung zu bewältigen. Das Kind soll stets das Tempo selbst bestimmen, um sich seiner selbst im Umgang mit dem Wasser sicher zu sein, die Hilfe seiner Eltern anzunehmen oder abzulehnen und die Situation zu meistern.

Die Frage, wann ein Kind das Schwimmen erlernen kann, ist abhängig von seiner körperlichen, motorischen, kognitiven, emotionalen und sozialen Entwicklung. Entscheidende Faktoren stellen vor allem der Entwicklungsstand seines zentralen Nervensystems und seine Konzentrationsfähigkeit dar sowie der Stand seiner Auseinandersetzung mit dem Wasser, sein Aufgabenverständnis und sein Schatz an Bewegungserfahrung. Diese Reife und Lernbereitschaft ist allgemein erst von 5-6-Jährigen zu erwarten (vgl. LEWIN 1962).

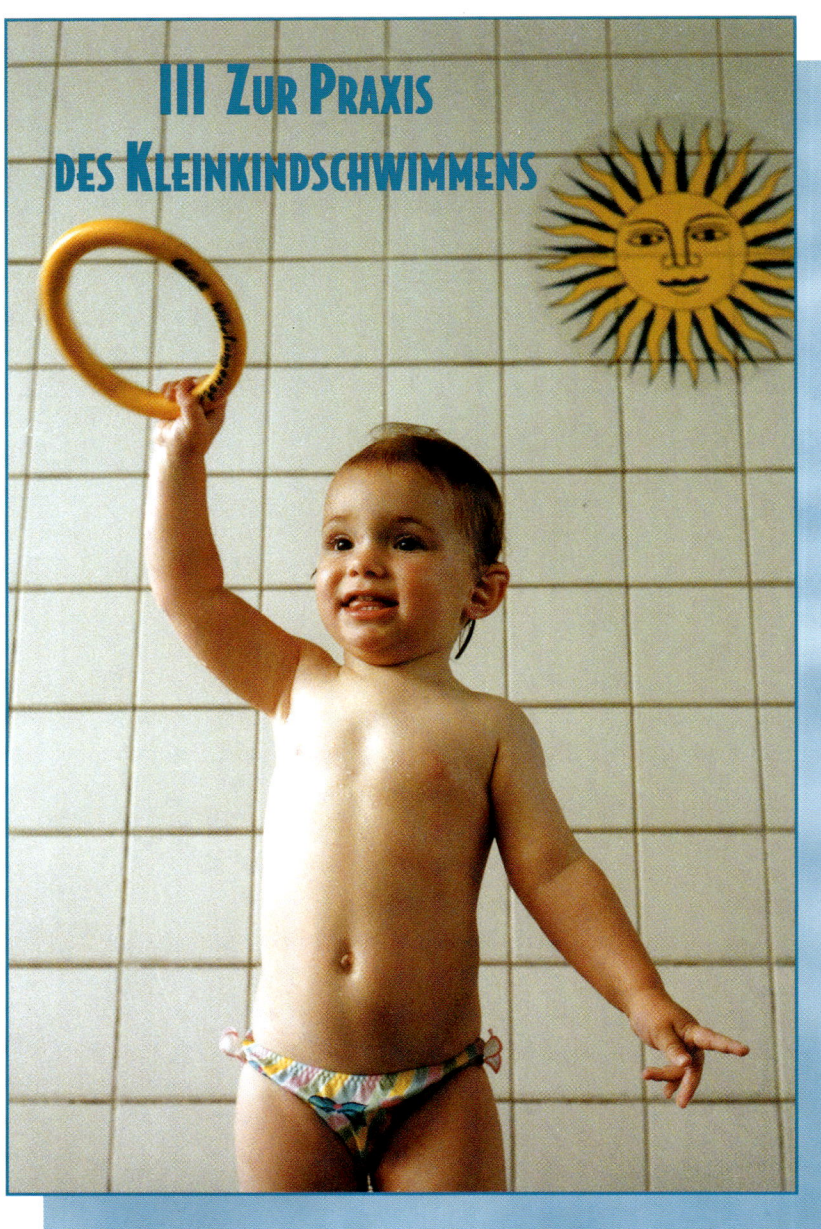

III ZUR PRAXIS DES KLEINKINDSCHWIMMENS

5 Aufbau und Organisation eines Kurses

5.1 Planen und Durchführen eines Kurses

Eltern-Kind-Kurse für das zweite und dritte Lebensjahr bedürfen einer genauen Planung, nämlich, die Gruppen angemessen nach Alter, Können und Lernstand zusammenzusetzen, sodass sich jeder Teilnehmer entsprechend seinem Erfahrungsstand wohl fühlt. Kleinkinderschwimmkurse sind keinesfalls als reine Fortsetzung von Säuglingsschwimmkursen zu betrachten, denn viele Eltern kommen erstmals mit ihren Kindern in diesem Alter zum Schwimmen, sind also z.T. noch wenig wasser-, gruppen- und unterrichtserfahren.

Es empfiehlt sich, die Voranmeldungen aufzulisten in *Neueinsteiger* und *Fortsetzer* und weiterhin eine ungefähre altersbezogene Aufteilung vorzunehmen, die aus organisatorischen Gründen auch in Abhängigkeit vom Anmeldestand sinnvoll ist (z.B. 13-18, 19-24, 24-30, 30-36 Monate).

Mit 18 Monaten können Kinder im Allgemeinen laufen, danach brauchen sie viel Freiraum für eigenes Tun, mit 24 Monaten ist ihre Nachahmungsbereitschaft und ab 30 Monaten sind ihr Sprachverständnis und ihre Ausdrucksfähigkeit bereits gut entwickelt. Dementsprechend hat der Kursleiter also seinen Unterricht auf dem Entwicklungsstand des Kindes aufzubauen und kann nun ganz gezielt den Unterricht mithilfe des Vormachens in Gruppenaufgaben oder mit verbalen Anweisungen gestalten und leiten.

Die pädagogische Idealgröße für die Gruppe liegt bei acht Eltern-Kind-Paaren, ungeachtet anderer Faktoren, wie Größe des Schwimmbeckens, finanzielle Vorgaben, personelle Betreuungsmöglichkeiten und materielle Gegebenheiten. Geschwisterkinder sollen grundsätzlich nicht gleichzeitig mit am Unterricht teilnehmen, weil ein Elternteil uneingeschränkt für die Aufsicht dieses Kleinkindes gefordert ist (s. a. Kap. 5.5). Das Einrichten von Betreuungsgelegenheiten oder parallelen Veranstaltungen wäre dafür vorteilhaft.

Für einen geschlossenen Kurs oder auch ein durchgängiges Jahresangebot sollte der Unterricht stets in Blöcke von ca. zehn Unterrichtseinheiten à 45 min aufgebaut sein. Diese Lerneinheit ist zeitlich umfassend genug, um ein Grobziel inhaltlich mit verschiedenen Schwerpunkten und in stundenübergreifenden Lernschritten im Vorhinein zu planen.

Eine Kursreihe ist zwar thematisch zu planen, aber nicht in allen Einzelheiten, sondern eher in blockbezogenen Lernschritten festzulegen, um Raum zu haben, Unpässlichkeiten aufzufangen, den spielerischen Charakter der Unterrichtsstunden zu wahren und den Eltern und ihren Kindern stets Lernfortschritte im Wasser zu ermöglichen.

Es hat sich bewährt, Schwerpunktthemen herauszugreifen und dabei jeweils nur einen Spielgegenstand – den aber umso intensiver – in seinen vielfältigen Verwendungsmöglichkeiten anzubieten und mit ihm zu experimentieren (Herausforderung der Fantasie!).

5.2 Elterninformation und Spielvorschläge für Duschen und Baden daheim

Das Kleinkind macht im Alltag quasi täglich Erfahrungen mit Wasser. Sich zu waschen, zu duschen oder zu baden, ist bei uns Bestandteil der Hygiene. Dieses nicht als Last, sondern als Routine liebgewinnen kann das Kind besonders, wenn es die Körperpflege mit und im Wasser ohne (Zeit-)Druck in Ruhe mit hinreichend Gelegenheit zum Spielen genießen kann. Spielzeug in der Wanne lädt zu längerem Verweilen ein, größere Geschwister zeigen Tauchkunststücke, den Puppen werden demonstrativ auch die Haare gewaschen, oder Mutter und Vater leben ihrem Kind gemeinsam vor, wie entspannend das Baden und wie unkompliziert das Duschen oder Waschen sein kann.

Um ein stressfreies Baden für Kinder und Eltern zu ermöglichen, ist einiges zu beachten:

◆ Nicht das Kind waschen, duschen oder baden, wenn es bereits übermüdet ist. Daraus könnte später eine Verweigerungshaltung gegen Wasseraufenthalt entstehen.

◆ Die Körperwäsche, das Duschen oder Baden, sollte ohne zeitlichen Druck stattfinden, um das Wohlgefühl zu nähren. Außerdem gewinnt der Vorgang an Gründlichkeit.

◆ Das subjektive Verhältnis zum Wasser (und gleichzeitig zur Hygiene) ist steigerungsfähig, indem das Waschen nicht als Muss, sondern in spielerischer Form erfolgt.

◆ Kleinkinder möchten, wie überall, so auch in der Badewanne und beim Duschen, aktiv beteiligt sein. Daraus folgt: Dem Kind Aufgaben zum Mit- und Selbsttun geben.

◆ Die Badedauer ist zu begrenzen (maximal 30 Minuten), um der Haut nicht das notwendige Fett zu entziehen. Möchte das Kind bereits eher das Wasser verlassen, so folgen Sie dem.

◆ Um der Gefahr des Ausrutschens zu begegnen, kann die Wanne mit einer rutschfesten Unterlage ausgelegt werden. Damit das Kind ungeniert spritzen kann, schützt ein Duschvorhang vor unliebsamer Überschwemmung.

◆ Das Wasser sollte keine Badezusätze enthalten. Der Körper soll erst kurz vor Verlassen des Wassers mit Seife, falls notwendig, gereinigt werden.

◆ Selbstverständlich darf das Kind nie unbeaufsichtigt in der Wanne baden. Außerdem macht Kindern das Baden in Gesellschaft mit Mutter, Vater oder einem anderen Kind allgemein mehr Spaß. Dabei lernt das Kind, natürlich mit sich und den anderen nackten Körpern umzugehen.

◆ Geeignetes Spielzeug (nach Größe und Beschaffenheit) ist erwünscht.

◆ Der Körper (insbesondere die Hautfaltenbereiche) wird sanft mit einem weichen Handtuch abgetrocknet, um die empfindliche Haut des Kindes nicht zu reizen.

Folgende Spielformen eignen sich für das Kleinkind:

◆ Es kann mit der Handbrause die Wanne oder Schüsseln füllen.

◆ Es erfühlt verschiedene Wassertemperaturen (warm, kalt).

◆ Es kann den Wasserstrahl am Duschkopf verändern.

◆ Es darf gelegentlich die Brause halten, um den eigenen Körper abzuduschen.

◆ Es kann sich sitzend beim Händeplanschen oder Strampeln auslassen.

◆ Bauchliegend im Unterarm- oder Handstütz kann es zum Strampeln aktiviert werden.

◆ Das Kind kann, bäuchlings gestützt, aufgefordert werden, auf das Wasser zu pusten, zu blubbern, zu tauchen und dabei seine Finger oder Gegenstände unter Wasser zu betrachten.

◆ Das Kind kann, rücklings gestützt, aufgefordert werden, seinen Kopf ins Wasser zu legen.

5.3 Hinweise für das Schwimmbad

Das Wasser sollte eine Temperatur von 32° C haben und das Becken eine Wassertiefe von rund 1,20 m bieten. Günstigstenfalls verfügt es über eine Überlaufrinne oder Gymnastikstange, an der sich die Kinder festhalten können, eine breite Einstiegstreppe, an der Übungen im Sitz, Stütz und Stand erfolgen können und einen Beckenrand mit einer rutschfesten Absprungstelle.

Die Aufenthaltsdauer im Wasser sollte maximal 45 Minuten betragen, sollte jedoch abhängig von der Wassertemperatur, der Temperaturregulationsfähigkeit, dem Alter, der Bewegungsintensität und der Tagesform des Kindes gegebenenfalls auch reduziert werden. Eine schultertiefe Eintauchposition sollte von den Eltern und ihren Kindern eingehalten werden, damit der Körper durch die nasse Haut nicht auskühlt.

Das Sitzen und Stehen auf dem Beckenrand oder Matten sollte während dieser Zeit nur kurz befristet sein, wobei die aus dem Wasser ragenden Körperteile ständig durch Überstreichen benetzt werden. Wartezeiten im Stationsbetrieb sind zu vermeiden. Vor allem bei Schlafdefizit, nach überstandener Krankheit, bei Zahnbildung oder Hunger kann ein vorzeitiges Frieren auch das verfrühte Verlassen des Wassers zwingend notwendig machen. Ein Kleinkind, das im Wasser friert, wendet sich häufig desinteressiert vom Spiel ab, klammert sich an seine Bezugsperson, verfärbt sich im Gesicht, wird an Händen und Füßen blass und zeigt oder äußert, dass es das Wasser verlassen will.

In den Gruppenumkleiden ist es aus Sicherheitsgründen von Vorteil, wenn diese über schließbare Türen, Wickelmöglichkeiten, einen Laufstall und geschlossene Windeleimer verfügen. Die Voraussetzungen sind nicht immer gegeben. In den Duschen sollten auch Möglichkeiten genutzt oder selbst geschaffen werden, dass sich die Kinder selbst duschen und baden können. Ein Fahrradschlauch über dem Duschkopf erfüllt die Funktion einer Handbrause, Wannen oder Kübel können von den Kindern eigenständig bestiegen werden. Im Schwimmbad muss ein Telefon für Notfälle vorhanden sein und die Spiel- und Schwimmgeräte vor Ort sollen sauber zum Trocknen gelagert werden können.

5.4 Hygiene und Krankheitsverhütung

Bei aller Freude am Schwimmen lauern natürlich auch Gefahren, sich durch unsachgemäßes Verhalten unbeabsichtigt zu verletzen oder zu erkranken. Dem ist durch einige wichtige Grundregeln vorzubeugen. Und diese sorgfältig zu beachten, kommt im Rahmen des Kleinkindschwimmens den Eltern zu.

Am Schwimmen können selbstverständlich nur Kleinkinder teilnehmen, die sich gesundheitlich wohl fühlen. Ob man mit einem Schnupfen zum Schwimmen geht, ist eine Ermessensfrage, die von den Eltern zu beantworten ist. In diesem Fall ist anzuraten, Taschentücher am Beckenrand zu platzieren, um dem Kind bei Bedarf die Nase putzen zu können, zumal die warme und feuchte Luft förderlich auf das Abschnupfen wirkt. Vom Tauchen wird in solchem Falle abgeraten.

Bevor herumschwimmende, fremde lange Haare eigenes Unbehagen (insbesondere an Mund und Händen) hervorrufen, tragen alle Badbenutzer die Haare zusammengebunden oder (je nach Badeverordnung) eine Badekappe. Längere Haare im Stirnbereich sollten bei Kleinkindern mit einer Spange aus dem Gesicht gehalten werden, damit sich diese nicht nach Wasserguss oder Tauchversuchen vor die Augen, Mund und Nase legen und das Kind irritieren.

Trotz der hygienischen Voraussetzungen seitens des Schwimmbades haben alle Badbenutzer selbst mit dazu beizutragen, dass sie nicht die Keimzelle für Krankheiten bilden. Dazu gehört das Gebot eigener Reinlichkeit, beginnend mit dem ganzkörperlichen Duschen (*ohne* Bekleidung) *vor* Betreten des Schwimmbeckens. Im zweiten Lebensjahr, in dem die Kinder noch nicht so stand- und gangsicher sind, sollten sie noch auf dem Arm abgeduscht werden. Im dritten Lebensjahr sollten sie sich selbst duschen und baden. Fest am Fuß befestigte Badeschuhe verhindern das Ausrutschen.

Weil unmittelbar bei Verlassen des Wassers erhöhter Harndrang auftritt, ist es ratsam, das Kind an ein Töpfchen, was gut sichtbar auf dem Beckenrand steht, zu gewöhnen und es bei Gelegenheiten wie Sprungübungen, bei denen es außerhalb des Wassers auf den Rand steigt, zu fragen, ob es auf die Toilette gehen möchte.

Nach Beendigung de Schwimmens sollte der erste Gang auf die Toilette führen und die nasse Badebekleidung sofort abgelegt werden. Ein wärmender Bademantel leistet für den Weg zur Dusche gute Dienste.

Das anschließende Waschen und Baden unter der Dusche (mit Schlauch in Handbrausefunktion auf Kinderhöhe) und in Wannen wird mit steigender Häufigkeit beim Kind zum beliebten spielerischen Ausklang. Während vor dem Wassereintritt ganz bewusst nur lauwarm geduscht wird, sollten die Teilnehmer nach dem Wasseraufenthalt warm duschen, um das körperliche Aufwärmen zu beschleunigen.

Das An- und Auskleiden des Kleinkinds wird in der Form an die Umgebungstemperaturen angepasst, dass es vorbeugend im *Zwiebelsystem* erfolgt, d.h. nach und nach, damit sich der Körper des Kindes schrittweise an die Temperaturveränderungen anpassen kann. Auf einer Wärmebank oder am Boden liegenden Isoliermatten kann gewickelt werden. Seitliches Rollen des Körpers auf beide Seiten beim Wickeln unterstützt, sodass möglicherweise in die Ohren eingedrungenes Wasser wieder ablaufen kann. Bei warmen Räumen ist es vorrangig, dem Kind zunächst die Windel anzulegen; das weitere Ankleiden kann kurz vor Verlassen des Schwimmbads erfolgen, um den Körper nicht zu überhitzen. Massierendes Einkremen oder warmer Tee fördern das Aufwärmen des Kindes in kühleren Jahreszeiten. Beim Haaretrocknen sollten auch die Ohren mit warmer Luft ausgefönt werden. Beim Verlassen des Schwimmbadgebäudes schützt eine Kopfbedeckung vor Zugluft und beugt Erkältungen vor.

5.5 Erste Hilfe, Aufsichts- und Sorgfaltspflicht

Diesem Abschnitt wird deshalb große Bedeutung beigemessen, weil das Wissen und Kennen der angemessenen Behandlung Leben retten kann, auch wenn der Ernstfall zum Glück nicht oder äußerst selten eintrifft. Mit der Sicherheit, im entscheidenden Moment richtig zu handeln, steht und fällt das Programm für das Säuglings- und Kleinkindschwimmen.

Im Schwimmbad sind präventive Maßnahmen zu treffen, um bei Unfällen und Verletzungen schnell reagieren zu können. Um als Kursleiter sachgemäße und schnelle Hilfe leisten zu können, müssen Sie unbedingt mit den Maßnahmen der *ersten Hilfe* vertraut sein. Spezielle Erste-Hilfe-Lehrgänge für das Kleinkindalter werden von den Wohlfahrtsverbänden und in Kinderkrankenhäusern angeboten. Vor Kursbeginn des Kleinkindschwimmens ist der Schwimmbeckenbereich auf mögliche Gefahrenstellen hin zu überprüfen, der Erste-Hilfe-Schrank auf seine Vollständigkeit und das Telefon auf seine Funktionstüchtigkeit hin zu kontrollieren. Ferner sollte bekannt sein, welche Rettungsgeräte zur Verfügung stehen, wo sich die Notausgänge befinden und welches Krankenhaus für den Ortsbereich im Notfall anzutelefonieren ist.

Der Kursleiter hat über seine Gruppe für die Dauer des Unterrichts die leitende Aufsichts- und Sorgfaltspflicht. D.h., er belehrt die erwachsenen Teilnehmer über mögliche Gefahren, greift bei deren Missachtung ein, überprüft Gefahrenstellen und achtet auf die Einhaltung der Hausordnung und Baderegeln. Er betritt das Schwimmbecken als Erster und verlässt es als Letzter. Während des Unterrichts ist es mitunter didaktisch erforderlich, auch vom Beckenrand aus zu erklären, zu demonstrieren, zu kontrollieren. Die Aufsichtpflicht gegenüber dem Kind obliegt den Eltern bzw. der mit der Betreuung beauftragten Bezugsperson. Abzuklären ist stets, ob sich Nichtschwimmer oder Schwimmunsichere unter den Eltern einer Eltern-Kind-Gruppe befinden. In einem solchen Fall ist für eine gesonderte Betreuung im Wasser zu sorgen, obwohl es sich um flaches Wasser handelt.

Die rechtliche Haftung für eventuell während des Unterrichts an Personen oder Sachen auftretende Schäden werden institutionell unterschiedlich geregelt. Dem Kursleiter wird empfohlen, dies vorher sowohl mit dem Veranstalter als auch mit den Teilnehmern abzuklären bzw. im Kursprogramm oder Arbeitsvertrag zu vereinbaren. Die Haftpflichtversicherung gehört zur selbstverständlichen Ausstattung jedes Kursleiters.

Für das Lehrschwimmbecken (Wassertiefe bis 1,35 m) muss der Kursleiter die so genannte *eingeschränkte Rettungsfähigkeit* nachweisen. Diese umfasst den Besitz des deutschen Schwimmabzeichens (Bronze) (die Fähigkeiten, 10 m weit und 1,35 m tief tauchen zu können, 200 m in höchstens 7 min zu schwimmen sowie die Baderegeln zu kennen) und erste Hilfe leisten zu können. Die Abnahmen führen u.a. die Schwimmverbände, die Deutsche-Lebens-Rettungs-Gesellschaft und die Wasserwacht des Deutschen Roten Kreuzes durch.

Unfälle ereignen sich im Schwimmbad, im Vergleich zu anderen Sportarten, statistisch betrachtet, äußerst selten, sind bei Auftreten jedoch häufig folgenschwerer. Gefahrenschwerpunkte liegen beim Springen (Zusammenstoßen), Laufen (Ausrutschen), mangelnder Aufmerksamkeit und Aufsicht von Nichtschwimmern (Wasserschlucken, Untergehen), dem unsachgemäßen Einsatz von Geräten oder wenn organische Vorschädigungen von Personen vorliegen, die vorher nicht bekannt waren.

Ein Kleinkind ist, bedingt durch seine motorische Selbstständigkeit im Laufen und Klettern, seine Neugier und mangelnde Übersicht, Gefahren einschätzen zu können, ständig dem Risiko ausgesetzt, einen Unfall auszulösen oder darin verwickelt zu werden. Allgemein und allerorts typisch für das Kleinkindalter sind Erstickungsanfälle durch Verschlucken, Verätzungen oder Vergiftungen, Verbrühungen und Verbrennungen oder Sturzverletzungen.

Was sich beim Kleinkindschwimmen ereignen kann und wie der Kursleiter dem durch ein aufklärendes Gespräch mit den Eltern und durch eigenes, umsichtiges Verhalten begegnen kann, ist nachfolgend aufgeführt:

◆ *Sturzverletzungen* können beim Wickeln, Ausrutschen außerhalb des Beckens sowie am Beckenrand oder auf den breiten Einstiegsstufen bei Sprungsituationen geschehen. Durch bodennahes Lagern des Kleinkinds beim Wickeln auf weichen Matten, das Tragen von rutschfesten Badeschuhen und das Sichern von Sprungstationen durch Weichmatten ist solchen Unfallgefahren vorzubeugen. Verletzungen im Kopf- und Rücken- bzw. Schulter-, Ellbogen- oder Handgelenkbereich, wie Schürfwunden, Zerrungen oder Platzwunden, können bei Sprungsituationen entstehen, wenn die Eltern einen unpassenden Sicherheitsabstand einnehmen, sodass das Kind unmittelbar auf sie anstatt zunächst ins Wasser springt. Der Widerstand des Wassers verhindert das schnelle Zurückweichen. Beim anfänglichen Springen als Abfaller aus dem Sitz besteht die Gefahr, dass sich das Kind mit dem Rücken oder Kopf am Beckenrand schürft, wenn es sich nicht weit genug nach vorne lehnt. Verletzungen an den Hand-, Ellbogen- oder Schultergelenken können durch falsches Greifen entstehen, wenn die Eltern, statt den Rumpf zu fassen, dem Kind die Hände reichen und es – um sein Untertauchen zu verhindern – an den Händen beim Fallen nach oben reißen. Deshalb sind die *Grifftechniken* (vgl. AHRENDT 2001a, *Griffe-ABC*) vorher gründlich durch den Kursleiter zu erklären, praktisch von den Eltern nachzuvollziehen und während der Übungen zu korrigieren.

◆ *Vergiftungen* können durch das Trinken großer Mengen Chlorwassers, Seife/Haarshampoos oder Fußdesinfektionsmittels entstehen. Durch sicheres elterliches Handling mit Kopfhaltung des Kleinkinds über dem Wasser und Beaufsichtigung des Kleinkinds (auch im Duschraum) lässt sich das vermeiden. Das Wasser im Schwimmbecken hat im Übrigen Trinkwasserqualität, d.h., das Schlecken von Wasser allein verursacht keine Vergiftung (Wasserintoxikation).

◆ *Erstickungsanfälle* können durch das Verschlucken von Kleinteilen auftreten. Diese gelangen in die Atemwege und blockieren teilweise oder vollständig die Lunge. Deshalb ist das Spielmaterial vom Kursleiter und den Eltern stets auf seine Beschaffenheit hin zu überprüfen.

Bewegungsraum Wasser

Um Erstickungsunfälle durch plötzliches Hineinfallen oder -stürzen ins Wasser zu vermeiden, bei denen das Kleinkind mit dem Kopf für längere Zeit unter Wasser gelangt und dann in Luftnot und Panik gerät, hat sich eine erwachsene Begleitperson zum Beaufsichtigen des Kindes stets in dessen *Reichweite* aufzuhalten. Kleinkinder müssen an die Regeln und Signale zur Sicherheit gewöhnt werden (s. Kap. 1.3 „Sicherheitserziehung"), d.h., sie dürfen erst auf den Einstiegsstufen oder dem Beckenrand sitzen oder stehen, wenn ein Elternteil im Wasser ist und ein Signal zum Hineinspringen gibt. Die unaufmerksamen Momente der Eltern stellen dann eine Gefahrenquelle dar, wenn die Kinder mit dem Schwimmreifen oder den Schwimmflügeln unbeobachtet und außerhalb der Reichweite der Eltern schwimmen. Dazu eine Anmerkung: Ältere Geschwisterkinder können deshalb nur sehr bedingt in den Kurs integriert werden; empfehlenswert ist in diesem Falle eine zweite Begleitperson. Das eigenständige Umherschwimmen des Geschwisterkindes mit Schwimmhilfen oder sein Warten am Beckenrand ist wegen der eingeschränkten Beaufsichtigung nicht zu vertreten. Erfahrungsgemäß erweitert sich durch den Einsatz von Auftriebs- und Schwimmhilfen der Abstand der Eltern zum Kind, weil sie ihr Kind in scheinbarer Sicherheit wähnen.

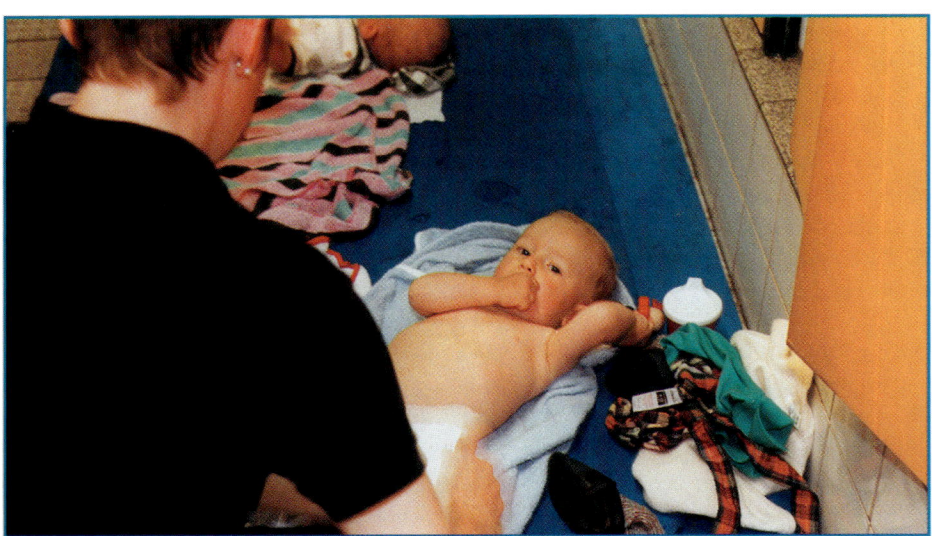

Methodisches Vorgehen beim Verschlucken

Beim Verschlucken von Fremdkörpern (Aspiration), z.B. von festen Kleinteilen oder von Wasser, ist der Hustenreiz zu fördern. Bei harten Kleinteilen legt man sich das Kind bäuchlings auf die Oberschenkel und klopft 3-4 x auf den Rücken oder bewegt es, flach liegend, an Schulter- und Hüftgelenk gehalten, schockartig zur Kopfseite hin und her, damit der Fremdkörper luftröhrenaufwärts gelangen kann. Verschluckt sich das Kind an Wasser, so setzt das Husten und Niesen reflektorisch ein und befördert das Wasser wieder aus den Luftwegen heraus. Durch körpernahes Herannehmen des Kindes an den eigenen Körper, Blickkontakt, beruhigendes Zusprechen und Stützen am Hinterkopf sowie Klopfen auf den Rücken lässt sich dieser Zustand allgemein schnell beheben.

Bei Ertrinkungsunfällen wird zwischen dem so genannten *nassen* und *trockenen* Ertrinken unterschieden. Das *trockene* Ertrinken (10% der Fälle) geht mit einem *Stimmritzenkrampf* (Epiglottiskrampf) einher, d.h., wegen des in den Mund- oder Rachenraum eingedrungenen Wassers schiebt sich die Stimmritze vor die Luftröhre und verhindert ein Eindringen von Wasser in die Lunge. Wird das Kind rechtzeitig gerettet, genügt meist eine Beatmung zur erfolgreichen Wiederbelebung.

Beim *nassen* Ertrinken (90% der Fälle) wird das Kind erst zu einem späteren Zeitpunkt aufgefunden. Bedingt durch Erschöpfung hat sich die Stimmritze wieder entkrampft, sodass Wasser in die Lunge und nachfolgend in den Blutkreislauf gelangt ist, was zu lebensgefährlichen Störungen der Herz- und Nierenfunktion führen kann. Für Süßwasser ist eine erfolgreiche Wiederbelebung selbst bei Kindern, die länger als 20 Minuten untergetaucht waren, beschrieben. Im Salzwasser ist ein Ertrinkungsfall weitaus gefährlicher und kann nur durch intensivmedizinische Behandlung überlebt werden (vgl. SEILER 1989).

Methodische Schritte bei Verdacht auf Atemstillstand/ Ertrinkungssituationen

Höchste Eile ist geboten. Alle Maßnahmen erfolgen im Soforttempo. Bei Unfall durch Ertrinken verliert das Kleinkind das Bewusstsein; tritt dann ein *Atem- oder Herz-Kreislauf-Stillstand* auf, ist unverzüglich ärztliche Hilfe anzufordern. Bei vorhandener Atmung wird das Kind außerhalb des Schwimmbeckens in die Seitenlage gebracht und trocken und warm umhüllt gelagert und beruhigt.

Atmet das Kind nach kurzer Beobachtung (Nasenflügel-, Brustkorbbewegungen) und erfolgter Reizsetzung (Ansprechen, Anpusten, Schütteln) nicht, muss nach Freimachen des Mundraums, leichtem Überstrecken des Kopfs (nicht so weit wie beim Erwachsenen) und Verschließen des Mundes durch Handdruck unter dem Kinn (andere Hand fixiert den Hinterkopf) mit dem *4-maligen* Beatmen der Nase *(Mund-zu-Nase-Beatmung)* begonnen und dann beobachtet werden, ob das Kind wieder zu sich kommt und spontan weiteratmet.

Atmet das Kind nach der Überprüfung des Pulses am Oberarm weiterhin noch nicht selbst, wird es mit einer Frequenz von *30 Beatmungen pro Minute* weiter beatmet, bis der Notarzt eintrifft oder das Kind wieder eigenständig zu atmen beginnt, d.h., alle zwei Sekunden 1 x mit einem Atemvolumen von 100-150 ml pro Atemzug (Puls jede Minute kontrollieren).

Methodische Schritte bei Verdacht auf Herz-Kreislauf-Stillstand

Ist weder Atmung zu beobachten noch eine Pulswelle zu tasten, steht auch das Herz still. In diesem Fall wird eine *Beatmung im Wechsel mit einer Herzdruckmassage* auf einer harten Unterlage durchgeführt. Der Druckpunkt für die Herzmassage befindet sich auf der unteren Brustbeinhälfte (leicht links), d.h. unterhalb einer gedachten Verbindungslinie zwischen den Brustwarzen. Dort wird der Zeige-, Mittel- und Ringfinger einer Hand angelegt und der Brustkorb *15 x rasch* hintereinander ungefähr *2,5-4 cm tief* senkrecht von oben eingedrückt. Die Arbeitsfrequenz sollte in etwa drei Kompressionen in zwei Sekunden betragen (ca. 80 Drücke pro Minute). Der *Arbeitszyklus von drei Beatmungen im Wechsel mit 15 Herzdruckmassagen* wird solange weitergeführt, bis der Rettungsdienst eintrifft oder das Kind reanimiert wurde. Beginnt das Herz wieder zu schlagen, d.h., der Puls ist tastbar, wird nur noch die Beatmung fortgesetzt.

Anmerkung: Beim Kleinkind lässt sich der Puls allgemein schlecht tasten (Hand-, Leisten-, Halsschlagader), weshalb ein tiefes Tasten am Oberarm empfohlen wird, welches die Eltern bereits beim Baden üben können.

Generell gilt: Im Falle eines Unfalls muss der Kursleiter überlegt handeln nach dem bekannten Motto: Ruhe bewahren! Die Aufgaben müssen verteilt werden, damit die Rettungskette funktioniert, d.h., eine Person informiert den Rettungsdienst (Telefonnummer: 112) mit Angaben zum Unfallgeschehen (Ort, Anzahl und Alter des Verletzten und Art des Unfalls), eine Person führt die Erste-Hilfe-Maßnahmen durch, eine Person holt Handtücher und eine Unterlage usw.

Für den Helfer gilt, bei der Beatmung auch *für sich selbst tief zu atmen*, damit bei ihm keine Kreislaufprobleme auftreten. Um einen Arbeitsrhythmus beim Reanimieren zu finden, bedarf es einer Einarbeitungszeit von 1-2 Minuten.

6 Kursinhalte und Durchführung

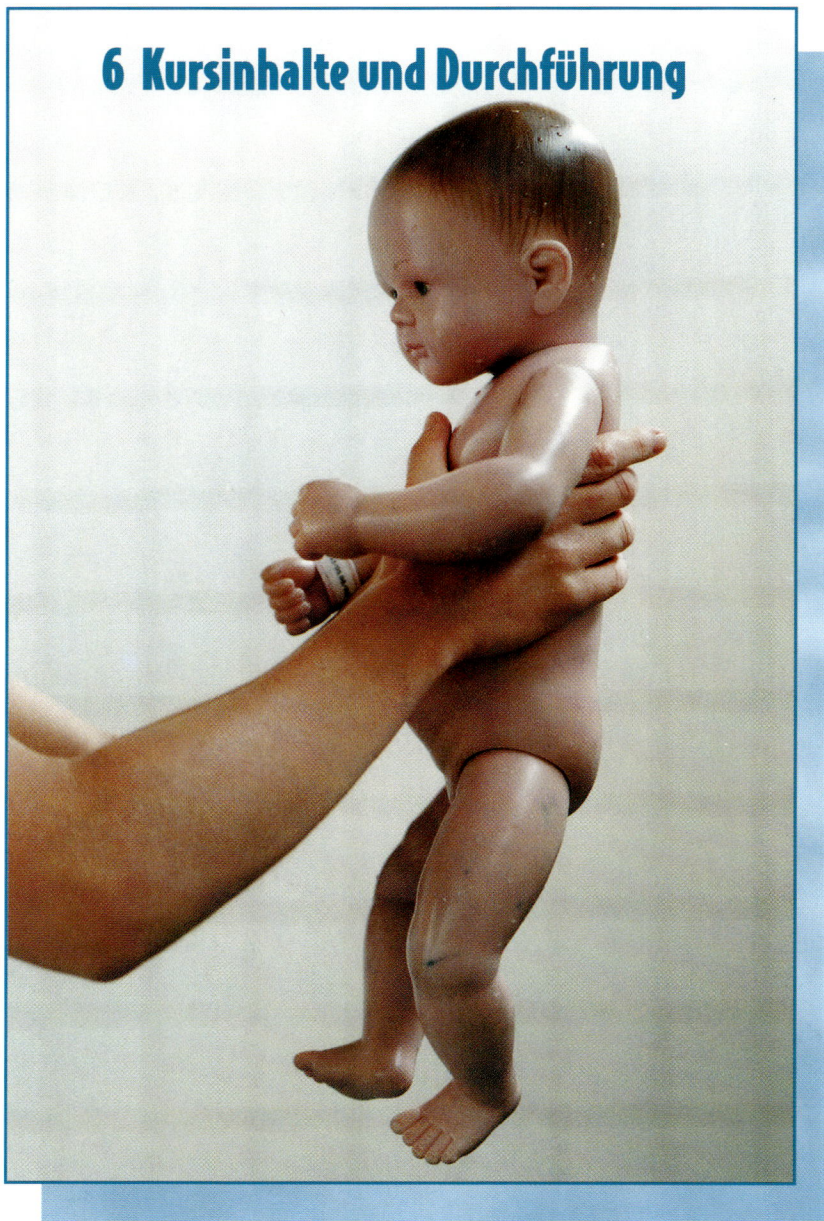

6.1 Verlauf und Inhalte einer Kursreihe

Besonders im zweiten Lebensjahr schwanken die Tagesform, Konzentration und emotionale Stabilität der Kinder erheblich. Eltern befürchten mitunter, dass dem Kind die Lust am Schwimmen fehle oder vergangen sei. Doch die Entwicklung des Egos und der Zwiespalt im Kind beim Abnabelungsprozess (s. Kap. 2.3) hinterlassen auch beim Schwimmen ihre Spuren. Das wird insbesondere nach längeren Unterbrechungen, z.B. durch Krankheit, deutlich, wenn Kleinkinder sich häufig erneut eingewöhnen müssen, eine Phase, die sich allerdings nach ein paar Wochen in der Regel wieder gibt. Dann hilft es oft, einerseits auf die kindlichen Kümmernisse geduldig einzugehen, andererseits dem Kind eine stützende Routine zum Orientieren zu geben; das bedeutet, regelmäßig und pünktlich in den Unterricht zu gehen und dabei ständig zu beobachten, wie dem Kind durch Kompromisse und Auszeiten geholfen werden kann, selbst wieder entschlussfreudig zu agieren.

Die Kleinkinder erhalten *ganzheitliche*[16] Anregungen, um sich zu öffnen. Bei Neueinsteigern besteht das Anliegen zunächst darin, dem Kind im Wasser zu einem Wohlgefühl zu verhelfen und es nicht zu überfordern. In Gesellschaft der Gruppe, die es kennen lernt, orientiert es sich in der Umgebung, gewöhnt sich an den Verlauf und bahnt auch Kontakte an. Die ersten Stunden verlaufen relativ geruhsam, der Kursleiter erklärt, begründet seine Anregungen und bietet Hilfestellung bei Problemchen und Anpassungsschwierigkeiten des Kindes an.

Die anfänglichen Unsicherheiten von Kind und Eltern und die zurückhaltende Kommunikation untereinander lösen sich bald auf, wenn eine gewisse Routine Fuß gefasst hat. Nach Abschluss eines ersten Kurses sind allgemein Fortschritte in der Wassergewöhnung zu erkennen: Das Kind geht sicherer und vertrauter mit der Situation, den Personen und dem Wasser um. Bei Wiederanmeldern wird der Unterricht – dem Entwicklungsalter und Fähigkeitsstand angepasst – so fortgesetzt, dass er auf Bekanntem aufbaut.

---

[16] Lerngelegenheiten, die zur Persönlichkeitsentwicklung beitragen, die sowohl die körperlich-motorischen als auch die sozialen, emotionalen und intellektuellen Fähigkeiten herausbilden helfen und die Wahrnehmung sensibilisieren.

Die beim Säuglingsschwimmen erlernten Reaktionen werden einerseits durch Wiederholung gefestigt, andererseits werden Übungen variiert, damit die Kinder lernen, flexibler und flüssiger zu reagieren. Aufgaben werden kombiniert, gereiht, verkettet und verknüpft, um kleine Handlungsabläufe zu erweitern und zu vervollständigen.

In der Unterrichtsgestaltung sollen die folgenden vier didaktisch-methodischen Prinzipien deutlich zur Wirkung kommen: Das Kleinkind soll *ganzheitlich, entwicklungsgemäß und gesundheitlich gefördert* werden, und es soll *wassergemäß* – d.h. sich wohl fühlen in Harmonie mit dem Wasser – gearbeitet werden.

Die Inhalte sind didaktisch so zu vermitteln, dass sie im methodischen und zeitlichen Verlauf stets *vom Leichten zum Schweren und vom Einfachen zum Komplexen* aufbauen. Es gilt, das Eltern-Kind-Spiel im Unterricht derart anzuregen, dass beiden Seiten das Erlebnis und der Erfolg des Lernens beschieden wird.

Für 1,5-jährige Kleinkinder (Neueinsteiger) kann die Kursreihe folgendermaßen thematisch aufgebaut werden (Muster):

Kursstunde und Schwerpunktthema

1. **Stunde:** Schwimmbecken, Gruppe und Kursleiter kennen lernen (Gruppe)

2. **Stunde:** Das Wasser und seine Eigenschaften entdecken (Wasser)

3. **Stunde:** Einander kennen lernen und sich an Wasser im Gesicht gewöhnen (Wassergewöhnung)

4. **Stunde:** Kräfte entwickeln und messen (Kraft)

5. **Stunde:** Den Körper und seine Bewegungsmöglichkeiten kennen lernen (Beweglichkeit)

6. **Stunde:** Ausdauer beweisen und Atem kontrollieren (Tauchen)

7. **Stunde:** Sich fortbewegen mit Elternhilfe und/oder Schwimmflügeln (Sicherheitserziehung und Fortbewegung)

8. **Stunde:** Klettern, Springen, Hängen – elementare Bewegungsformen (Motorik)

9. **Stunde:** Musik – im Schwimmbad musizieren (Wahrnehmung und kreatives Spielen)

10. **Stunde:** Lernen mit anderen und von anderen (Geschicklichkeit und Kindertausch)

Geräte/Materialien und Spielformen

◆ Matten für Tunnelspiele.
◆ Bauklötze verschiedener Farbe zum Einsammeln, Austauschen, Sortieren.

◆ Schlauch am Einfluss (Sprudel, Fontäne).
◆ Große, kleine Gießkannen, Trichter (Fluss).
◆ Becher oder Schüsseln (Guss).
◆ Swimmingpool auf Matten (See).
◆ Körbe als Boote (Poolnoodle umschlungen).

◆ Gruppenspiele und Imitationsaufgaben mit Schwimmtieren, Schüsseln zur Wassergewöhnung (Wassergussmethode).
◆ Puppe als Modell.

◆ Eltern-Kind-Turnen als Geschicklichkeitsaufgaben und -übungen mit Schwimmbrettern oder Gummischläuchen am Beckenrand zum Kräftigen.

◆ Gymnastikspiele zum Fördern der Körperwahrnehmung mit Topfkratzern, Schwämmen, Tüchern und Leine.

◆ Strandbälle zum Treten, Fangen, Werfen.
◆ Ufos und Röhrchen zum Pusten.

◆ Hol-, Bring-, Sortieraufgaben am Beckenrand mit Schwimmflügeln als Material, später als Auftriebshilfe am Oberarm.

◆ Sprungspiele vom Körper der Eltern, vom Quadro-Absprungtisch, vom Beckenrand mit Kletteraufgaben über Matten und Hindernisse, schräge Ebenen.

◆ Sing-, Klang- und Geräuschspiele und Aufgaben mit Glöckchen, Flöte, Röhrchen, Flaschen, Rasseln, Schüsseln, Kassettenrekorder.

◆ Wurfspiele mit unterschiedlichen Ballarten durch Reifen.
◆ Ziel- und Weitwurf mit Spielpartner und Kindertausch.

Bewegungsraum Wasser

Werfen wir einen Blick zurück auf Abschnitt 5.1 hinsichtlich der inhaltlichen Planung und nun auf dieses Muster, so wird deutlich, dass nicht die starre Zielbindung maßgeblich ist, sondern dass die inhaltliche Füllung vielseitig und kreativ gestaltet wird. Jede Unterrichtsstunde folgt zwar dem systematischen Aufbau, hat jedoch inhaltlich einen anderen Kern. Eben darin liegt das vielseitige und kreative Gestalten. Beginnend mit der Wassergewöhnung, folgen die *schwimmerischen Grundfertigkeiten* (Gleiten, Ausatmen ins Wasser, Tauchen, Springen, Fortbewegen), an deren Vervollkommnung jedes Kind individuell weiterarbeitet. Die Lerninhalte werden also stets neu verpackt und stundenspezifisch unterschiedlich intensiv gewichtet.

6.2 Stundenaufbau, Unterrichtsinhalte und kreative Gestaltung

Die magische Vier (aus den didaktisch-methodischen Prinzipien) taucht beim Aufbau der Unterrichtseinheit – nun als Gliederungszahl oder Phase wieder auf:

◆ In den ersten Phase (ca. fünf Minuten) *akklimatisiert* sich das Kind an die Umgebung und das seinen Körper überziehende Element Wasser. Dabei gehen die Eltern in engem Körperkontakt mit ihren Kindern im Schwimmbecken umher, massieren deren Körper und bestreichen deren Köpfe mit Wasser. Die Eltern intensivieren allmählich ihre Bewegungen bis zum Laufen und Hüpfen und lösen ihre Kinder nachfolgend aus dem hautnahen Kontakt des eigenen Körpers und führen sie in die Gegenüberstellung, um mit ihnen bewusst Sichtkontakt aufzunehmen. Bei diesen Übungen sowie durch Heben und Senken des Körpers werden Herz und Kreislauf aktiviert.

◆ In der zweiten Phase (ca. fünf Minuten) werden die Gliedmaßen durch Streichen und Schütteln angeregt, damit das Kind diese *bewusster wahrnimmt*. Durch Schwenk-, Schub- und Zugbewegungen gegen den Wasserwiderstand in der Horizontalen wird das Haut-, Bewegungs- und Lageempfinden des Kindes sensibilisiert und gleichzeitig sein Orientierungsvermögen herausgefordert. Diese Bewegungen von fremder Hand zielen ferner darauf ab, die Muskelspannung zu regulieren und die Gelenke geschmeidiger zu machen.

◆ In der dritten Phase (ca. 15 Minuten) wird das Kind vermehrt ermuntert, um nicht zu sagen: angetrieben, *sich selbst zu bewegen*. Das Kind wird geringstmöglichst durch die elterliche Hand im Brustbeinbereich unterstützt und an den Fußsohlen mit Wasserspritzern und -strömungen, Berührungsimpulsen oder in kurzen passiven Bewegungsführungen (geführtes Patschen der Hand auf die Wasseroberfläche) zum Agieren mit den Gliedmaßen angeregt.

Mithilfe von Wasserspritzspielen oder dem Wassergusstest[17] werden die Wassergewöhntheit, das emotionale Verhalten und die Schutzreaktionen – zusammengefasst die Tauchbereitschaft des Kindes – überprüft.

---

17 Der Wassergusstest überprüft die emotionale Einstellung des Kindes zum Wasser. Durch fließendes – nicht spritzendes Wasser wird es schrittweise mit dem Medium vertraut gemacht.

Erst im Falle von Wasserakzeptanz im Gesicht, kontrolliertem Atemanhalten und der kognitiven Bereitschaft (Erwartung) des Kindes kann das Untertauchen für 1-2 Sekunden schrittweise angebahnt werden. Durch Flug-, Fall-, Greif-, Stütz- und Drehbewegungen wird das Kind zu Stell- und Gleichgewichtsreaktionen herausgefordert und lernt, auf die Anforderungen situationsadäquat zu reagieren. In ausdauernden Spielaufgaben kräftigt sich die Halte- und Bewegungsmuskulatur. Das Kind wird also motorisch rundum gefordert und gefördert.

◆ In der vierten Phase (ca. fünf Minuten) soll das Kind die Möglichkeit haben bzw. befähigt werden, sich *zu entspannen* und seinen Spiel- und Erkundungsdrang zu befriedigen. Das Kind kann nun ohne Vorgaben seinen Wünschen nachgehen und sollte dabei auch nicht gestört werden. Durch Schaukel- und Wiegebewegungen in der angelehnten Sitzhalte wird das Herz-, Kreislauf- und Atmungssystem des Kindes beruhigt und die erzeugte Reizflut allmählich zum Ausklingen des Unterrichts wieder abgebaut.

Beispiele für Inhalte von Unterrichtsstunden

Thema: Vielseitiges und zielgerichtetes Bewegen mit bunten Kugeln
Geräte: Korb mit Kugeln einer Schwimmbadleine (rot/ weiß), große Matten oder Styrodurplatten

Phase	Ziel	Methodisch gegliederter Inhalt
1	Begrüßung	◆ Frontalkreis, KL in der Mitte: *„Hallo Kinder, hallo Kinder, wir winken uns zu, und dann kommt ihr und dann kommt ihr, mich besuchen im Nu."* El schieben Ki in die Kreismitte (3 x).
	Gruppenkontakt Kreislauf anregen	◆ 1-2-3 Kuddelmuddel: El schieben Ki durch den Kreis.
		◆ „Dreh dich, dreh' dich, dreh' dich um" (El halten Ki in der Gegenüberstellung und drehen diese um die Längsachse durch leichtes Hochwerfen, re/li).
	Wassergewöhnung	◆ Hände patschen, Füße strampeln, El setzen sich ihre Ki im Damensitz auf den Oberschenkel, sprechen Verstext: *„Pitsch und patsch (2 x), das Wasser macht die Haare nass, tropft von der Nase auf den Mund und von dem Mund dann auf das Kinn und von dem Kinn dann auf den Bauch, dort ruht das Wasser sich dann aus und fällt mit einem großen Satz ins tiefe Wasser ... patsch".*
2	Passives Beweglichmachen	◆ Aufstellung 2-3 m vor dem Beckenrand: „Ich bin ein kleiner Hampelmann und schwimme/gleite/springe jetzt an den Beckenrand heran – 1-2-3-hopp", El ziehen/schieben Ki.
	Gleichgewichts-stimulation	◆ Ki im Stand oder Sitz auf den Händen der El (Handschalen), Körper balancierend, zwischenzeitliches Gleichgewichtverlieren und Festhalten hin zum Beckenrand (Taxispiel).

Phase	Ziel	Methodisch gegliederter Inhalt
3	Eigenbewegung der Kinder aktivieren	◆ Gleiten/Fortbewegen: Kugeln holen auf der einen, bringen zur anderen Seite (zielgerichtetes Werfen in die Beckenrandrinne, zum Beckenrand gleiten, fortbewegen). ◆ Funktionsspiel: Kugeln ein Brett herunterrollen lassen, auf der anderen Seite wieder aufgreifen. ◆ Wahrnehmung: Kugeln nach Aufforderung zu Farbenlied entsprechend sortieren: „Rot, rot, rot sind alle meine Kleider" (bzw. weiß suchen und sammeln). ◆ Handgeschick: Kugeln übereinander stellen (Turmbau) oder aneinander reihen auf einer Matte in der Mitte oder dem Beckenrand. ◆ Atmung: Durch das Loch in den Kugeln ins Wasser blubbern, hindurchschauen. ◆ Geschicklichkeit: Ki sitzen auf einer Matte und stecken die Kugeln auf die Finger der El. ◆ Springen: Ki springen aus dem Sitz von der Matte und ergreifen die Kugeln, die auf den Fingern der El stecken (evtl. auch mit Tauchen). ◆ Tauchen: El halten eine Kugel am ausgestreckten Arm unter Wasser, Ki versuchen, Kugel unter Wasser zu sehen (evtl. am Arm abwärts hangeln, tauchen und greifen). ◆ Springen: Ki krabbeln/laufen über Mattenbahn und springen ab.

Bewegungsraum Wasser

Phase	Ziel	Methodisch gegliederter Inhalt
4	Entspannung Ausklang Verabschiedung	◆ Körperbewusstsein: Sich in Kugeln „betten", in der Sitzlage mit dem Körper möglichst viele Kugeln einsammeln, aufräumen und alle bis auf eine in einen Korb werfen. ◆ Fuß- oder Körpermassage: Kugel am Fußgewölbe der Ki rollen. ◆ Aufräumen: Restliche Kugeln in Korb an KL abgeben. ◆ Abschiedslied: „Alle Leut".

Legende
(für diese und nachfolgende
Stundenverläufspläne):

- **BL =**   **Bauchlage**
- **El =**   **Eltern**
- **Ki =**   **Kinder**
- **KL =**   **Kursleiter**
- **li =**   **links**
- **re =**   **rechts**
- **RL =**   **Rückenlage**
- **rw =**   **rückwärts**
- **SL =**   **Seitlage**
- **sw =**   **seitwärts**
- **vw =**   **vorwärts**

Thema: Körperwahrnehmung
Geräte: Bunte Tücher, Leine und Klemmer, Poolnudeln

Phase	Ziel	Methodisch gegliederter Inhalt
1	Begrüßung	◆ Frontalkreis: KL steht in der Mitte und stellt alle Ki mit Namen im Liedvers vor:
	Kreislauf anregen	*„Hallo, hallo, schön, dass ihr da seid, hallo, hallo, schön, dass es euch gibt. Die … (Name), die ist da, der … (Name), der ist da und … (Name), der ist da. Hurra, hurra, jetzt sind wir alle da."*
	Gruppenkontakt	◆ Paarweises Gegenüberstellen der Ki: Wipp-wapp, Textvers: *„Auf und nieder, auf und nieder, immer wieder auf und nieder."* Allmählich Geschwindigkeit steigern, Partnerwechsel.
	Raum kennen lernen	◆ Leine einseitig montieren, andere Seite festhalten.
		◆ An der Leine entlanggehen, festhalten und ziehen, darunter durch (Abrakadabra – Leine hoch), an die Leine hochspringen und versuchen, sie zu ergreifen.
		◆ Tücher auf die Leine hängen: Leine hoch (Regentropfen), Leine tiefer (Gesichtswäsche), verstecken und suchen („Hallo, Kuckuck"), Slalom um die Tücher.
2	Passives Beweglichmachen	◆ Wellenmachen: Ki halten Leine fest, werden im Trophäengriff von El geschoben (hin und her) oder Ki schaukeln („Zeigt her eure Füße", BL/RL).
		◆ Leine hoch: El stellen sich unter die Leine und schieben/ ziehen/ schwingen das Ki vw, sw, rw durch (Gegenüberstellung).

Phase	Ziel	Methodisch gegliederter Inhalt
3	Eigenbewegung der Kinder aktivieren	◆ Wassergewöhnung/Tauchen: Ki Schultersitz bei El, auf die Leine zufallen/fliegen erst sw, dann vw eintauchen (erst nur Spritzer, dann halbes Gesicht, dann ganzes Gesicht), El machen vor/mit, evtl. gemeinsames Tauchen sw. ◆ Fortbewegen und Fangspiel: Paarweise Verfolgungsjagd spielen, ein Ki hat beide Tücher, ein anderes fängt die Zipfel. ◆ Fortbewegen und hochgreifen: El legen sich das Tuchknäuel auf den Kopf, El ziehen Ki in BL hinter sich her, Ki versuchen, Tuch vom Kopf der El herunterzuholen. ◆ Kräftigung: El halten das Tuch an den Enden, Ki steht auf den Oberschenkeln der El, fasst die Tuchschlaufe und hängt sich daran.
4	Entspannung Ausklang Verabschiedung	◆ Wahrnehmung: El verstecken ihren Kopf unter dem Tuch (Lied: „Wo sind meine Augen, ich habe keine Augen mehr |:ei, da sind die Augen wieder tralalalalalalala" (2 x), vv Ki verstecken sich. ◆ Bootfahren und geschaukelt werden: Zwei Poolnoodles zusammenstecken, Tuch als Boden mit Klammern befestigen: „Wie das Schiffchen auf dem Meer, schaukelt hin und schaukelt her, leg dich hin und komm zur Ruh schließe beide Augen zu." ◆ Aufräumen, Abschiedslied: „Alle Leut".

Thema: Wasserspiele im Stationsbetrieb
Geräte: Schläuche (Waschmaschine), Trinkröhrchen, Becher, Kübel/Wanne, Gießkannen, Rohre, Swimmingpool, (Loch-, Styrodur-)Matten

Phase	Ziel	Methodisch gegliederter Inhalt
1	Begrüßung	◆ Liedvers: *„Wir wollen uns begrüßen und machen das so, hallo (patsch, patsch), hallo" (3 x),* Ki in Umschlingung der El.
	Kreislauf anregen:	◆ Liedvers: *„Wasser ist zum Waschen, Waschen da (3 x), Wasser ist zum Waschen da – Waschen da"* (Variation: Schöpfen, Tröpfeln, Spritzen, Patschen, Strampeln).
2	Passive Beweglichmachung	◆ Frontalkreis, Schwünge: Ki rhythmisch sw, vw/rw, durch das Wasser ziehen, sprechend begleiten: „Was-ser-wel-len."
		◆ Frontalkreis, Ki sitzt auf Oberschenkel der El: *„Hoppe, hoppe Reiter, wenn er fällt dann schreit er ...",* kippen re/li, vw/rw, fallen: „platsch".
	Wahrnehmung Fortbewegung	◆ Bewegungsstoppspiel: Ki Huckepack, El laufen, Ki strampeln, stopp.
3	Eigenbewegung der Kinder aktivieren Wahrnehmung Spiel Feinmotorik	Stationsbetrieb (zwei El-Ki-Paare pro Station): **1.** Wasser strömt (Schlauch als Fontäne am Wassereinlaufrohr befestigen), mit Händen und Füßen erfühlen. **2.** Wasser schöpfen (Swimmingpool auf Matten), Ki sitzt und schöpft Wasser heraus, El herein. **3.** Wasser tropft: Lochmatte als Tunnel, mit Gießkannen, Tunnel-El-Ki-Paar beim Durchqueren begießen.

Phase	Ziel	Methodisch gegliederter Inhalt
		4. Wasser fließt/als Gleitmittel: Ein Ki schüttet Wasser auf die Rutsche (Styrodurplatte), das andere Ki rutscht.
		5. Wasser sprudelt: Durch Röhrchen Blasen ins Wasser pusten.
		6. Wasser kalt und warm: Kübel mit kaltem Wasser füllen und hineinfühlen oder -steigen.
		7. Wasser trägt: Bootfahren – einsteigen, aussteigen, das andere Ki schiebt/ zieht und strampelt.
4	Entspannung Ausklang Verabschiedung	◆ Wassermassage in der angelehnten Sitzhalte mit Kopfablage auf der Schulter (Relax): Beine/Arme/Körper unter Wasser ausschütteln, Körper mit Wasser bestreichen. ◆ Abschiedslied: „Alle Leut."

6.2.1 Grundbewegungsformen und Grundfertigkeiten im Wasser

Das Erlernen des Schwimmens erfolgt schrittweise nach der Grundsatz-lehrweise *Wassergewöhnung, Wasserbewältigung, Fortbewegung.* Die Grundfertigkeiten und *Kompetenzen* entwickelt das Kind in der aktiven Auseinandersetzung mit dem Wasser. Es soll ihm ein vertrauter Bewegungsraum werden, in dem es sich und seinen Körper erfahren und seine Persönlichkeit und die Beziehung zu anderen Menschen entwickeln kann.

Sich an das Wasser zu gewöhnen, es zu bewältigen, bildet die Basis für das spätere eigenständige, ausdauernde Fortbewegen in einer Schwimmart. Fühlt sich das Kind im Wasser wohl, verbindet es damit positive Erlebnisse und spannende Herausforderungen, wird es später von sich aus den Weg zum Schwimmen fortsetzen.

Unter dem Grundbaustein *Wassergewöhnung* verstehen wir das Sicheinstellen auf die Eigenarten und Besonderheiten des Wassers, nämlich
◆ seine flüssige Beschaffenheit.
◆ seine unterschiedlichen Temperaturen.
◆ den auf den Brustkorb und Körper wirkenden Druck.
◆ die auf den Körper (insbesondere die Beine) wirkende Auftriebskraft.
◆ die durch seine Dichte die Bewegung hemmende Widerstandskraft.

Dieser Prozess kann bei zahlreichen Gelegenheiten stattfinden, z.B.
◆ das Duschen mit Gießkannen, Schüsseln, Wannen und Dusch-schläuchen auflockern und dabei die Wassertemperatur verändern.
◆ im Schwimmbecken mit Händen und Füßen Wellen schieben und Wasser als Regen tröpfeln, Tropfhöhlen und Wasserfälle konstru-ieren, zum Spritzen, Schäumen, Patschen und Strampeln anreizen.
◆ mit Gefäßen Wasser umschütten, ausgießen, einfüllen, transportieren.

Die *Wasserbewältigung* erfahren die Kleinkinder im Wasser überwiegend durch das Einüben der schwimmerischen Grundfertigkeiten auf physikalische Weise beim
◆ *Auftreiben/Schweben* in Brust- und Rückenlage, wobei die Eltern unterstützen, oder mit Auftriebs- oder Schwimmhilfen.

◆ *Ausatmen* ins Wasser.
◆ *Hineinspringen* ins Wasser.
◆ *Gleiten* zum Beckenrand in Bauchlage mit Anschub durch die Eltern und anschließendem Festhalten.
◆ *Eintauchen* des Kopfs nach dem Fliegen, Rutschen, Springen.

Sich im Wasser fortzubewegen, heißt zunächst für die Kleinen, auch die vom Land bekannten Bewegungsmöglichkeiten ins Wasser zu übertragen. So werden Kleinkinder nach Musik, singend oder unter Sprechtexten durch das Wasser getragen, mitbewegt. Dieser Einstieg fördert ihr Koordinations- und Orientierungsvermögen. Dazu bieten sich an,

◆ die *Bewegungsart* (z.B. gehen, laufen, hüpfen, galoppieren, twisten, springen, drehen, schwimmen) zu variieren.
◆ die *Bewegungsrichtung* vor-, rück- und seitwärts sowie auf- und abwärts zu wechseln.
◆ den *Bewegungsrhythmus* zu variieren (verlangsamen, beschleunigen, zwischenzeitlich anhalten, z.B. schnell – langsam).
◆ die *Bewegungsdynamik* zu verändern (z.B. kraftvoll – sanft).
◆ die *Bewegungsaufgabe* organisatorisch zu gestalten (z.B. Paare, Kleingruppe, Stationen).
◆ die *Raumwege* zu wechseln (z.B. Kreis, Karree, Schlange, Gasse).

Als Orientierungshilfen und Hilfsmittel können Raumteiler wie Leine, Seil, Absperrband, Mattentunnel, Markierungshütchen oder Bretter am, über oder auf dem Beckenrand dienen. Große, wassergefüllte Kanister oder Saugnäpfe können als Leinenhalter insbesondere bei ebenerdig verlaufendem Beckenrand eingesetzt werden.

Erste, willkürliche Fortbewegungsversuche beginnen im zweiten Lebensjahr. Das Kleinkind strebt in Anreizsituationen eigene Ziele an und wählt dabei die Bewegungsrichtung selbst. Mit flexiblen Grifftechniken und Handwechseln haben sich die Eltern darauf einzustellen. Bewegen sich die Kinder in Schwimmhilfen, so können sie sich mit ihren kurzen, strampelnden Gliedmaßen unter großen Anstrengungen noch keinesfalls längere Strecken effektiv fortbewegen, maximal kurze Strecken von wenigen Metern. Im dritten Lebensjahr werden die Vorwärtsbewegungen bereits relevanter. Kleinkinder mögen es mitunter, den Kopf einzutauchen. Dabei können sie bemerkenswerterweise bereits unter Wasser ohne fremde Hilfe 2-3 m in Bauchlage vorwärts schwimmen, lediglich von den Strampelbewegungen der Beine vorangetrieben.

Kleinkinder lassen sich dazu begeistern, diesen Bewegungsansatz über eine gewisse Strecke durch das *Hundeln*[18] mit den Armen zu erweitern:

◆ Vom Beckenrand, von einem Sprungtisch (gebaut aus dem Quadro-Bausystem) oder einer Matte springen und sich zu den Eltern bewegen (Empfehlung: kopfwärts gerichteter Abgleiter aus dem Sitz oder Sprung aus dem Stand).

◆ Sich aus dem Sitz auf der Schulter oder Stand auf den Oberschenkeln/Händen der Eltern zum Beckenrand fortbewegen.

◆ Sich vom Sitz/Stand auf einem Schwimmbrett zum Beckenrand fortbewegen.

◆ In Bauchlage rückwärts zum Beckenrand geschoben werden; sich mit Füßen und Beinen abstoßend zu den Eltern bewegen (rückwärts einparken).

◆ Sich über Eck von Beckenrand zu Beckenrand hangeln (Ecken queren).

◆ Zwischen zwei Personen hin- und herspringen, -gleiten, sich fortbewegen.

◆ Aus dem Sitz von Matte zu Matte springen oder sich gleitend fortbewegen (Inselspringen, Lochmatten mit Abstand zur Mattenbahn aneinander binden und von Beckenrand zu Beckenrand spannen).

Da Kleinkinder sich noch nicht aktiv abdrücken oder abspringen, sondern sich anfangs erst einmal fallen lassen, ist den Kindern wegen der Verletzungsgefahr Sicherheitsstellung am Beckenrand und eventuell etwas Anschub am Rücken/Gesäß zu geben. Es gilt, den Kindern ihre Beine bewusst zu machen: In der Rückensitzhalte können sie ihre Beine und deren Bewegungen sehen, was eine motorisch-nervliche Rückkopplung auslöst. Auch das Beinführen, das Streichen der Beinrück- oder Vorderseiten sowie das Berühren der Fußsohlen oder -riste kann dem Kind nützen, effektive Beinarbeit zu entwickeln. Ebenso wird das Erspüren der elterlichen Beinbewegung[19], das Beobachten und Mitbewegen vom Kind registriert und animieren es.

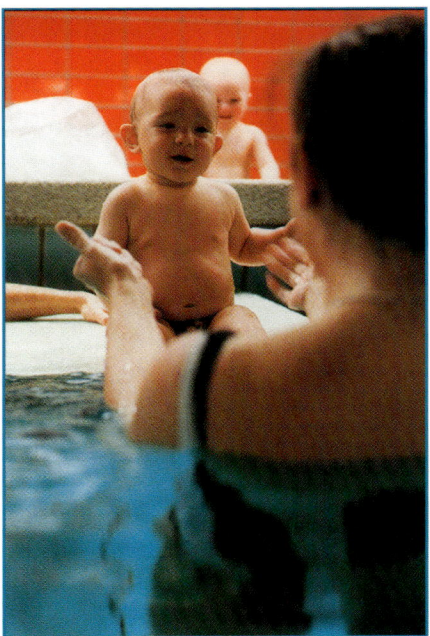 

18 Wechselseitige, kurzräumige Schlag- und Zugbewegungen mit den Armen unterhalb des Brustraums, eine Vorform der Kraularmbewegung.
19 Eltern hängen sich in Rückenlage an den Beckenrand und strampeln mit den Beinen. Das Kind sitzt rückwärtig auf ihrem Bauch. Auch mit Poolnoddlering auszuführen.

6.2.2 Gymnastikübungen und Turnen am Körper der Eltern im Wasser

Im zweiten und dritten Lebensjahr können z.B. folgende geführte Übungen Schultergelenke, Wirbelsäule und Hüftgelenke unter sprechmelodischer Begleitung im Wasser elastisch und geschmeidig machen:

◆ „Wie groß bist du? – So groß": Das Kind sitzt rückwärtig auf dem angehobenen Oberschenkel des Elternteils; das Wasser reicht ihm dabei bis zur Brust. Es hält sich an den Händen des Erwachsenen fest; dieser führt die Arme über die Seithalte in die Hochhalte.

◆ „Wie lieb hast du dich? – So lieb": Das Kind sitzt rückwärtig auf dem angehobenen Oberschenkel des Elternteils, das Wasser reicht ihm dabei bis zur Brust. Es hält sich an den Händen des Erwachsenen fest, dieser führt die Arme über die Seithalte über Kreuz.

◆ „Alle Füße fliegen hoch!": Das Kind liegt im Relaxgriff, Kopfablage auf der Schulter. Die Hände des Erwachsenen umschließen die Waden und ziehen diese bei „hoch" in Richtung Schulter, sodass es zu einer Aufrollbewegung in der Wirbelsäule kommt. Als Gegenbewegung Hände unter den Rücken fassen und: „Alle Bäuche fliegen hoch", wobei die Wirbelsäule gestreckt wird.

◆ „Die Hände klatschen und sind froh, die Beine tun es ebenso": Das Kind liegt im Relaxgriff, Kopfablage auf der Schulter. Die Hände des Erwachsenen umfassen die Waden und führen die Beine auseinander und zusammen.

◆ „Knick-knick-knack, die Beine knicken ab": Das Kind liegt im Relaxgriff, Kopfablage auf der Schulter. Die Hände des Erwachsenen umfassen die Waden und drücken die Knie wechselseitig an den Bauch heran, das andere Bein wird in die Streckung gezogen (auch beidseitig möglich).

Zum Kräftigen und Austoben eignen sich folgende Kletter- und Geschicklichkeitsvorschläge (vgl. WALKER 1993):

◆ „Bergsteigen": Das Kind steht mit gegenseitiger Handfassung auf den Oberschenkeln des Erwachsenen und steigt nun über Bein, Bauch und Brust auf die Schultern. Auf Signal „1-2-3" springt das Kind wieder hinab oder wird heruntergekippt. Das Aufsteigen kann auch am Rücken erfolgen und mit Absprung nach vorne enden.

◆ „Haare waschen": Das Kind sitzt auf dem Bauch bzw. der Brust des Erwachsenen (oder Huckepack), seine Füße umschlingen dessen

Bauch bzw. Hals. Nun soll es sich nach hinten legen, die Haare eintauchen und sich wieder zum Sitz aufschwingen. Dabei die Lendenwirbelsäule unterstützen (wird allgemein erst im dritten Lebensjahr von den Kindern angenommen).

◆ **„Die Balance halten"**: Das Kind steht rückwärtig auf den Händen (Handschalen) des Erwachsenen. Anfangs ist es bis zum Bauchnabel eingetaucht, später wird es emporgehoben. Diese Übung ist vom Schwierigkeitsgrad her zu steigern, indem man wechselseitig ein Bein stützt.

◆ **„Schulterhandstand"**: Das Kind stützt sich, dem Gesicht des Elternteils zugewandt, auf die Schultern und wird nun am Bauch-Becken-Bereich hochgestützt, sodass es im Handstand steht.

◆ **„Trophäe und Klappmesser"**: Das Kind wird im Trophäengriff gehalten. Es setzt die Füße an den Bauch-Becken-Bereich des Elternteils, wird auch an diesem gestützt und spannt den gesamten Körper an. Entspannt es seine Rückenmuskulatur, klappt es zusammen und richtet sich nachfolgend wieder auf.

◆ **„Kopfflieger"**: Das Kind steigt mit Handfassung von hinten auf den Rücken des Elternteils und legt sich mit seinem Bauch auf dessen Kopf. Dann streckt es den gesamten Körper wie zu einem Flugzeug und kann gedreht werden.

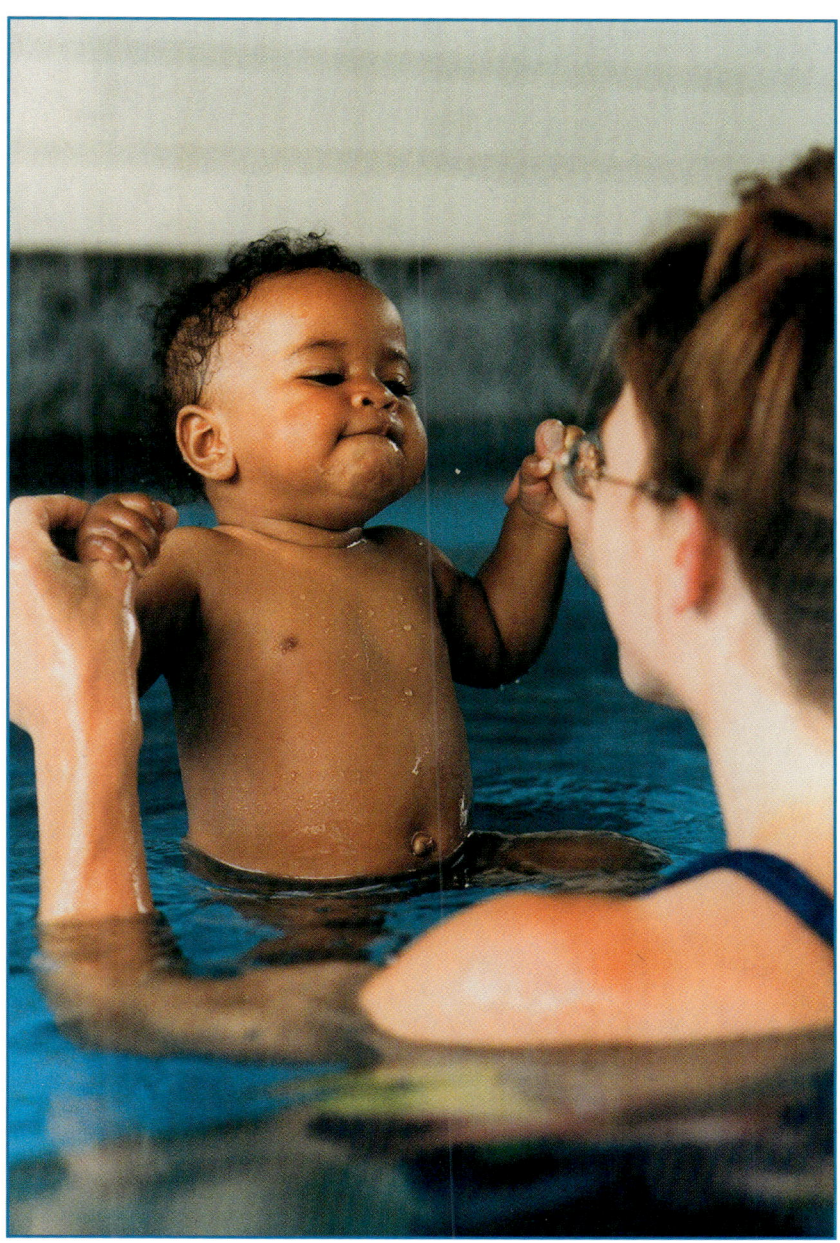

6.2.3 Grifftechniken mit Spiel- und Übungsanregungen

Weil der Säugling auf Grund seines Alters beim Schwimmen (Alter 3-12 Monate) Kopf und Körper noch nicht beständig aufrecht und im Gleichgewicht halten kann und obendrein junge (erste) Eltern noch der Übung im sicheren Handling bedürfen, wird dort als Hilfestellung das *Griffe-ABC* vermittelt und bildet einen wesentlichen Bestandteil des Unterrichts. Das Kleinkind dagegen hat inzwischen seine Haltekraft derartig entwickelt, dass es sich aufrichten kann, und strebt nun danach, seine Körperlage und Bewegungsrichtung nach Belieben zu ändern.

Weil es die stehende Position entwickelt, bevorzugt es im zweiten Lebensjahr auch im Wasser allgemein die vertikale Körperstellung, was an den Aufrichtversuchen des Kindes aus der Bauchlage beim Sichwegdrücken aus den Unterarmen des Elternteils deutlich wird. Deshalb sollen Griffe im zweiten Lebensjahr dahingehend variiert werden, dass sie dem Kind die vertikale Körperlage ermöglichen (stehend im Wasser) (siehe dazu einige Muster am Schluss dieses Abschnitts). Allerdings schwankt seine Balancefähigkeit im zweiten Lebensjahr noch, sodass es auch im Wasser – durch den Auftrieb verstärkt – bewegungsunsicher werden und dann klammern kann.

Die Rückenlage lehnt es in diesem Alter allgemein ab, da sein Wahrnehmungsradius und seine Greifaktivitäten nach vorn gerichtet sind und nun durch die Rückenlage eingeschränkt wären. Diese Position wird deshalb als unangenehm und unkontrollierbar empfunden. Im dritten Lebensjahr wird das Kind im Wasser sehr aktiv. Es patscht und strampelt immer kräftiger und ist versucht, sich fortzubewegen. Es bevorzugt die bäuchlings gerichtete Schwimmlage (~ 45°), nähert sich beim Gleiten oder Eintauchen des Kopfs sogar bereits häufiger der Waagerechten und kann sich schon sehr ausdauernd in der horizontalen Bauchlage bewegen.

Der Kopf des Kindes soll sich deutlich über der Wasseroberfläche befinden (kein Wasserschlucken), ohne dass sich das Kind überstrecken muss (keine Querfalten am Rücken, die Füße im Wasser). Ein leichter Druck auf das Gesäß zum Beckenboden gerichtet, bewirkt, dass sich die Überstreckung auflöst und die Beine unter Wasser gelangen. In Ruhemomenten nimmt es auch wieder freiwillig die Rückenlage ein. Die Ohren im Wasser sind dem Kind ungewohnt und deshalb widersetzt es sich auch gelegentlich. Trotzdem sollte es dazu angeregt werden, eine flache Gleitlage zu erlangen.

Generell ist darauf zu achten, dass die Kinder auf Höhe des Massemittelpunkts (Brustbein) gestützt werden und sich mit den Armen und Beinen frei bewegen können. Sie sollen sich als Nichtschwimmer auf den tragenden elterlichen Händen so sicher und geborgen fühlen, dass sie das Erlebnisfeld Wasser quasi uneingeschränkt, angstfrei und neugierig erforschen und entdecken können.
Die Festigkeit des Griffs sollte derartig bemessen sein, dass sich die Kinder wohl *gehalten* fühlen, jedoch so locker, dass dadurch Körper, Bewegungs- und Aktionsraum (insbesondere im Schulterbereich) nicht eingengt werden. Der Auftrieb des Wassers erleichtert den Eltern ihre muskuläre Unterstützung, sodass diese sich beim Halten z.T. bis auf die sichernde Funktion beschränken können. Lediglich die mangelnde Auftriebs- und Fortbewegungskraft des Kindes ist durch die elterliche Hand zu ergänzen.

Eltern sollten darauf achten, dass
◆ sie ihren Körper bis zu den Schultern eintauchen.
◆ sie stets die Augenhöhe des Kindes einnehmen.
◆ sie das Kinn des Kindes im Blick halten, damit das Kind kein Wasser schluckt.
◆ sie die aus dem Wasser ragenden Körperstellen des Kindes regelmäßig benetzen, damit diese nicht auskühlen.
◆ sich ihr Kind in der Bauchlage gehalten nicht überstrecken muss (keine Querfalten am Rücken, die Füße im Wasser, eventuell Abwärtsdruck auf Gesäß).
◆ sie beim Fortbewegen im Wasser die Richtung wählen, in die das Kind blickt (z.B. für das Einsammeln von Geräten).

Es folgen einige Griffe aus dem Griffe-ABC (vgl. AHRENDT 2001b), die bebildert und mit weiteren Spiel- und Übungsanregungen ergänzt wurden.

Spiel- und Übungsanregungen

◆ Wasserschleifen: Sich durch das Wasser bewegen und drehen (mal rechts, mal links).

◆ Gib Fünf: Durch das Wasser laufen und andere Kursteilnehmer mit einem Handklatsch begrüßen. Eltern machen vor, Kinder nach.

◆ Tanzstunde: Das Kind hält sich mit einer Hand hinter dem Rücken fest, die andere Hand in die Tanzfassung nehmen. Nun im Polkarhythmus durch das Wasser galoppieren (Hüftsitz rechts und links im Wechsel).

◆ Die Haare waschen: Sich das Kind auf den Bauch setzen und zum Zurücklehnen auffordern, Rücken stützen, Haare werden im Wasser liegend nach rechts und links geschwenkt.

◆ Känguru: Sich das Kind auf den Bauch setzen und es zum Festhalten auffordern, Hände lösen.

Abb. 1: Einhändiger seitlicher Arm-tragegriff: Klammeräffchen

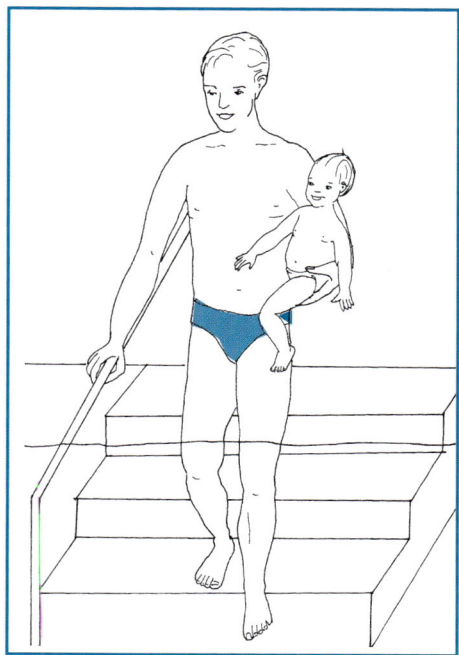

Bewegungsraum Wasser

Spiel- und Übungsanregungen

◆ **Wasserwellen:** Das Kind gegen den Wasserwiderstand vor- und rück-
ziehen, dabei das Bewegungstempo verändern und den Bewegungsrhythmus sprechmelodisch begleiten.

◆ **Knabberspaß:** *„Ich habe Hunger ... und knabbere nun mal an deiner
rechten Schulter."* Die Eltern animieren das Kind zum Lachen, indem
sie es an verschiedenen Körperstellen *anknabbern.*

◆ **Wippe:** *„Ich bin groß und du bist groß, ich bin weg – und du bist da,
hurra!"* Eltern machen sich groß, Kinder werden hochgehoben,
Eltern tauchen ab und wieder auf.

◆ **Bewegungsvers:** *„Drehen, drehen, schnell im Kreis, hüpfen, hüpfen,
mit viel Fleiß, fliegen, fliegen, in die Höh, ankommen, ausruhen,
Schluss juchei."* Eltern drehen, springen, heben die Kinder; dabei
starten sie bewegungsschnell und reduzieren allmählich bis zum
Abstoppen. Sprechrhythmus entsprechend anpassen.

◆ **Füßeallerlei:** *„Füße vorne, Füße hinten, Füße rechts und Füße links,
Füße strampeln fest ins Wasser, machen alle immer nasser, bis sie
fliegen hoch hinaus, und das Spiel
ist aus!"* Eltern schwenken die
Kinder in wechselnde Richtungen
und heben sie zum Abschluss so
weit aus dem Wasser, dass sie mit
dem Bauch auf dem Kopf der
Eltern landen.

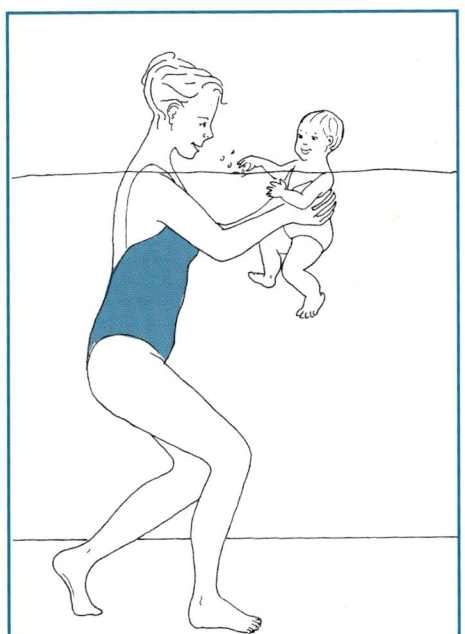

*Abb. 2: Beidhändiger frontaler
Taillengriff in vertikaler Position
des Kindes: Gegenüberstellung*

Spiel- und Übungsanregungen

◆ **Autofahren:** Die Eltern ziehen rückwärts laufend ihre Kinder mit sich. Durch Slalomfahrten, hupende und brummende Geräusche, Bewegungsstopp und Zieh- und Schubbewegungen wird die Fahrt lebendig gestaltet.

◆ **Strampelkonzert:** Die Eltern stehen aufgereiht am Beckenrand und halten ihre Kinder im Wasser. Der Kursleiter stützt sich in der Bauchlage liegend am Beckenrand und strampelt unterschiedlich stark mit seinen Beinen. Die Kinder sollen die Übung nachahmen.

◆ **Blubberblasenkonzert:** Die Eltern blubbern vor den Kindern ins Wasser und versuchen, dabei unterschiedliche Stimmlagen zu produzieren. Die Kinder werden zum Nachahmen provoziert.

◆ **Schüttelkopf:** Die Eltern tauchen ihr Gesicht ins Wasser und schütteln danach das Wasser wieder vom Kopf. Die Kinder machen es ihnen nach.

◆ **Wasserschmecken:** Die Eltern stehen im Wasser am Rand, nehmen Wasser in den Mund und spucken es in die Rinne des Beckenrandes. Die Kinder machen es ihnen nach.

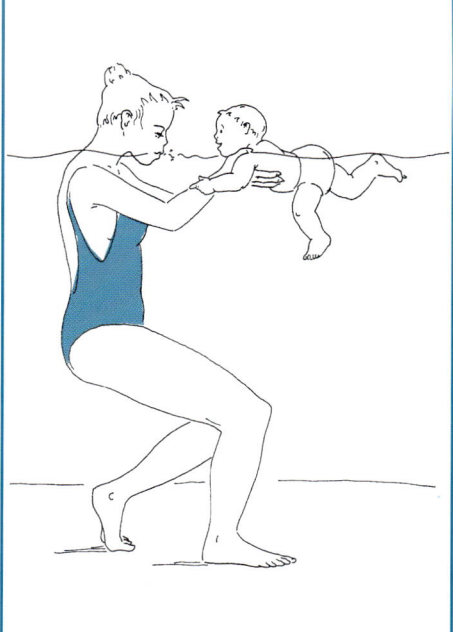

Abb. 3: Beidhändiger frontaler Bauchlagegriff mit Schultersicherung: Kelch

Bewegungsraum Wasser

Anmerkung:
Wegen des Körpergewichts des Kindes und dessen Bedürfniss, sich im Wasser aufrecht zu halten, wird dieser Griff im zweiten und dritten Lebensjahr seltener angewandt. Die Handwurzelballen zusammen unter den Brustkorb und die Finger zu den Körperseiten hin anlegen, den Brustkorb von unten stützen, um die Handgelenke nicht zu überlasten.

Spiel- und Übungsanregungen
◆ Wellenfahrt: Die rückwärts laufenden Eltern ziehen ihre Kinder in Wellenform mit sich. Die Wellenbewegungen können auf und ab, vor und rück, seitlich schlingernd oder unregelmäßig erfolgen.
◆ Gewichtstemmen: Die Eltern tauchen unter ihr Kind und stemmen es ansatzweise hoch.
◆ Festgehalten: Das Kind am Beckenrand entlang hinter sich herziehend, abwechselnd zur Wand hin- und von der Wand wegdrehen. Das Kind auffordern, beim Annähern reaktionsschnell den Rand zu ergreifen und sich an den Beckenrand zu ziehen. Auch die Bewegungsrichtung ändern.

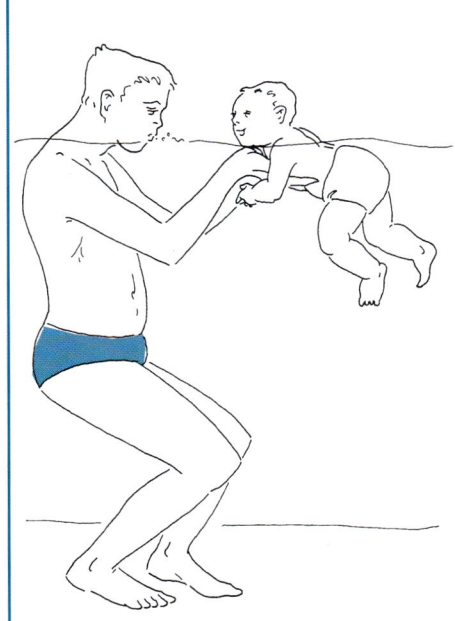

◆ Flugzeugbalance: Die rückwärts laufenden Eltern ziehen ihre Kinder und kippen sie einmal rechts-, einmal linksseitig.
◆ Stranden: Die Eltern tauchen ab und schieben die Kinder auf eine Matte zu, an der sie sich dann festhalten können.

Abb. 4: Beidhändiger frontaler Bauchlagegriff ohne Schultersicherung: Körbchen

Spiel- und Übungsanregungen

◆ Kraftprobe: Die Kinder halten sich an den Daumen der Eltern fest. Während Letztere die Kinder dann allmählich leicht aus dem Wasser nach oben heben, zählen sie laut mit, wie lange sich ihr Kind festhalten kann.

◆ Uhrenpendel: Die Kinder werden nach rechts und links durch das Wasser gezogen.

◆ Einarmhang: Die Kinder werden aufgefordert, abwechselnd eine Hand loszulassen.

◆ Aufstehen: Die Kinder werden aufgefordert, die Rückenlage einzunehmen und den Kopf aufs Wasser zu legen (zu schlafen). Sie werden von den Eltern geschoben und beim Weckruf: „Aufstehen, losfahren!", aufgefordert, sich aufzurichten und kräftig mit ihren Beinen zu strampeln. Dabei ziehen die Eltern ihre Kinder rückwärts laufend.

◆ Eine Wand hochlaufen: Die Eltern blicken stehend zum Beckenrand, Abstand eine Kinderbeinlänge. Die Kinder hängen rückwärtig an den Händen der Eltern (Affenschaukel) und versuchen, mit ihren Füßen die Wand hochzulaufen.

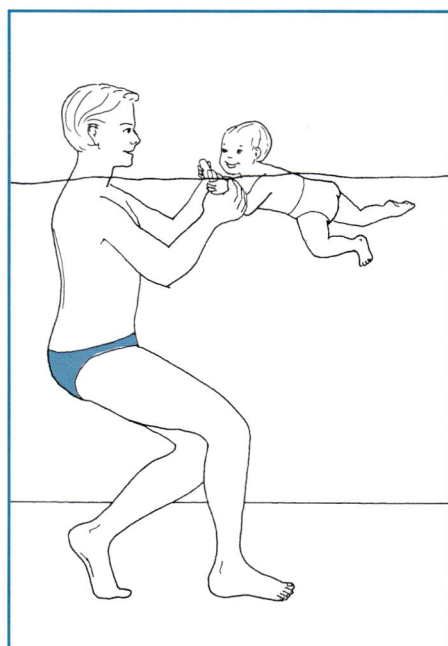

Abb. 5: Beidhändiger frontaler Daumengriff: Affenschaukel

Bewegungsraum Wasser

Anmerkung:

Um das wechselnde Körpergewicht der Kinder ausdauernd zu bewältigen, erleichtern sich die Eltern diese Übung, indem sie ihre Schultern tief unter Wasser tauchen.

Spiel- und Übungsanregungen

◆ Aufrecht bleiben: Die Eltern bewegen sich vorwärts und rückwärts; die Kinder versuchen, ihre aufrechte Körperhaltung stets wiederzuerlangen.

◆ Abtauchen: Die Eltern stehen nahe dem Beckenrand. Die Kinder tauchen aus dem Armring heraus zum Rand.

◆ Körperhangeln: Die Eltern fordern die Kinder auf, sich an ihren Armen entlang zum Hals oder um ihren Körper herumzuhangeln.

◆ Die Richtung weisen: Die Kinder bestimmen die Fortbewegungsrichtung, indem sie mit ihren Fingern nach rechts und nach links zeigen.

◆ Rückenschwimmen: Die Kinder werden aufgefordert, die Rückenlage einzunehmen und mit den Beinen zu strampeln; die Eltern bewegen sich dabei rückwärts gehend.

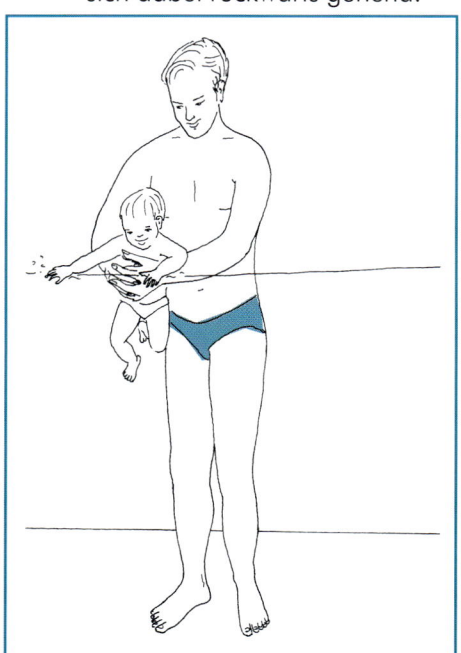

Abb. 6: Beidhändiger rückwärtiger Armtragegriff unter den Achseln: Armring

Anmerkung:

Dieser Griff ist in der Altersgruppe zweites und drittes Lebensjahr sehr beliebt. Die Kinder genießen es, Arme und Beine bei freiem Blick ungehemmt bewegen zu können.

Spiel- und Übungsanregungen

◆ Personensuche: Der Kursleiter fordert alle Teilnehmer auf, sich durch das Becken zu bewegen. Bei Signal *Händeklatsch* fragt er: „Wo ist die ... (*Name*)?" Alle halten inne, suchen das genannte Kind und bewegen sich: „Da ist die ... (*Name*)!" rufend auf dieses zu.

◆ Kursleitersuche: Kinder und Eltern sollen für einen Moment die Augen schließen. Dann taucht der Kursleiter im Becken umher, den sie nun gemeinsam suchen und sich auf ihn zubewegen. Dieser taucht allmählich wieder auf.

◆ Schubverband: Alle Teilnehmer stellen sich hintereinander – abwechselnd Kind-Eltern-Kind usw. – in eine Schlange. Die Kinder schieben den vorderen Elternrücken. Die Eltern leisten dabei etwas Widerstand. Das erste Paar der Schlange wechselt nach einiger Zeit an den Schluss, um ebenfalls mitzuschieben.

◆ Schwamm über die Schnur: Über dem Becken ist eine Schnur gespannt. Von jeder Seite werfen die Kinder die Schwämme über die Schnur auf die andere Seite. Sie greifen die in ihr Feld fallenden Schwämme wieder auf und werfen sie zurück.

◆ Fischefangen: In einer Wanne liegen kleine Plastikfische. Die Wanne wird vom Kursleiter kreuz und quer durch das Becken gezogen. Dabei versuchen die Kinder, einen Fisch aus der Wanne zu haschen.

Abb. 7: Beidhändiger rückwärtiger Taillengriff in diagonaler Schräglage des Kindes: Trophäe

Anmerkung:
Statt einer zweiten Person kann bei dieser Übung im Kleinkindalter der Beckenrand als Festhaltepunkt dienen.

Spiel- und Übungsanregungen
◆ Mit Vorlauf: Ein Elternteil hält das Kind rückwärtig an der Taille und zieht und schiebt es am Ort: „1-2-3" zählend vor und zurück und schiebt es dann der gegenüberstehenden Person bzw. dem Becken-rand zu.
◆ Schmetterling: Die Kinder bekommen zwei Bretter, legen ihre Arme darüber und lassen sich von den Eltern an der Taille oder den Füßen stoßweise über eine Beckenlänge anschieben. Sprechmelodisch begleiten mit: „Schmetterling, flieg!"
◆ Delfin: Eltern umgreifen ihre Kinder rückwärtig in der Taille, heben sie eine Hand breit aus dem Wasser und lassen sie dann kopfwärtig eintauchen, um anschließend unter Wasser auf den Beckenrand zuzugleiten.

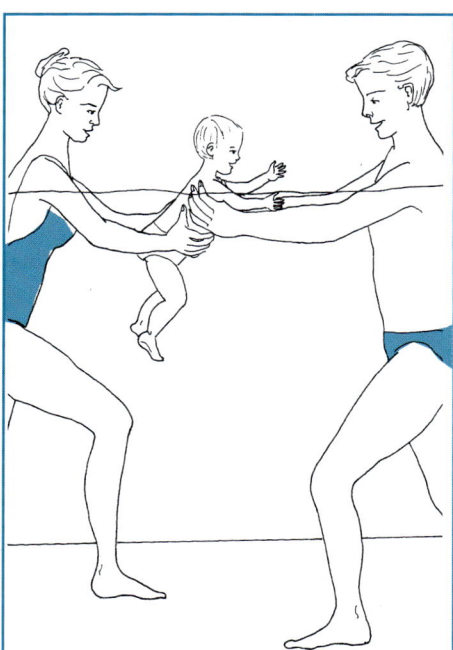

◆ Rücken als Landeplatz: Der gegenüberstehende Erwachsene wendet den runden Rücken (Buckel machen) zu, sodass das Kind auf den Rücken hinaufgeschoben werden und sich an den Schultern festhalten kann.

◆ Am langen Arm: Der gegenüberstehende Erwachsene stellt sich seitlich, ein Arm wird lang auf dem Wasser ausgestreckt. Die andere Person schiebt das Kind geradewegs auf diesen Arm zu, sodass das Kind umschlungen und an den Körper herangezogen werden kann.

Abb. 8: Beidhändiger rückwärtiger Taillengriff und beidhändiger frontaler Achselgriff: Gleitboot

Spiel- und Übungsanregungen

◆ Stocksteif: Die Eltern fassen die Kinder an den Ellbogen und stemmen sie daran hoch. Die Kinder sind gefordert, Körperspannung zu halten.

◆ Wellenritt: Die Kinder sitzen rückwärtig auf den Handschalen der Eltern. Dabei erzählt der Kursleiter ganz demonstrativ eine Geschichte, wie ruhig oder wild sich das Meer bewegt.

◆ Tablett: Die Kinder stehen rückwärtig auf den Händen ihrer Eltern und werden in Hoch-, Tief- und seitlichen Bewegungen durch das Wasser balanciert.

◆ Hampelmann: Die Kinder stehen in den Handschalen der Eltern. Die Eltern führen ihre Hände auseinander und zusammen und begleiten die Bewegung mit: *„Ich bin ein kleiner Hampelmann, der seine Beine grätschen kann."*

◆ Einbeinstand: Die Kinder werden aufgefordert, sich in der Handschale abwechselnd auf ein Bein zu stellen und zu balancieren.

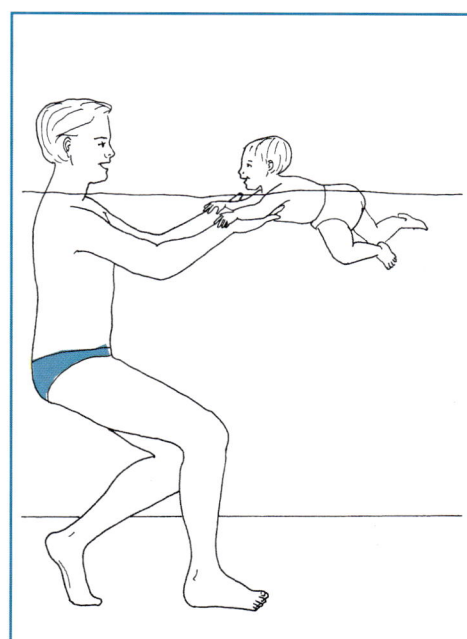

Abb. 9: Beidhändiger Stützgriff an den Ellbogen/Händen/Gesäß/ Füßen des Kindes: Handschalen

Bewegungsraum Wasser

Spiel- und Übungsanregungen

◆ Berg- und Talbahn: Langsames Anheben und Senken des Trage-arms.

◆ Kitzelspiel mit Vers: *„Geht ein Mann die Treppe rauf."* Finger laufen den Arm hinauf bis in die Halsbeuge.

◆ Zwei-Finger-Rückenmassage: Mit wirbelsäulenweit gespreiztem Zeige- und Mittelfinger die Wirbelsäule vom Steiß aufwärts zum Hals massieren.

◆ Anschieben: Eltern-Kind-Paare laufen im Becken umher und versuchen, die Rücken des anderen Eltern-Kind-Paares kurz anzuschieben.

◆ Schnapphand: Die freie Hand der Eltern schnappt vor dem Gesichtsfeld des Kindes im Wasser nach anderen Eltern. Das Kind soll dieses Spiel aufgreifen und dies seinerseits mit der Hand erst bei den eigenen Eltern, dann bei anderen Eltern und Kindern wiederholen.

Abb. 10: Einhändiger rückwärtiger Bauchlagegriff durch die Beine des Kindes: Beintunnel

Spiel- und Übungsanregungen

◆ **Wandberührung:** Die Eltern schieben ihre Kinder in Richtung Beckenrand und fordern sie auf, die Wand abwechselnd mit den Händen und den Füßen zu berühren.

◆ **Die Beine schütteln:** Die Eltern greifen den rechten bzw. linken Unterschenkel ihres Kindes im Wechsel und schütteln die Beine locker. Anschließend fordern sie die Kinder zum Strampeln auf.

◆ **Flieger:** Die Eltern greifen mit einer Hand von hinten in den Schritt des Kindes, während mit der anderen die Brust gestützt wird, und heben ihr Kind in die Luft und lassen es flach auf den Bauch platschend auf der Wasseroberfläche landen. Mit dieser Übung wird das kopfwärtige, zielgerichtete Eintauchen vorbereitet.

◆ **Kleine Wellen, große Wellen:** Das Kind wird von den Eltern in wellenförmigen Bewegungen an der Wasseroberfläche bewegt. Beim Ruf des Kursleiters: „Große Wellen!", werden die Kinder in die Luft gehoben und landen wieder wie beim *Flieger* (s.o.).

◆ **Kippelsitz:** Die Kinder sitzen auf der Innenhandfläche *(Handschale)* und werden – gestützt durch die andere Hand – mit Vor- und Rückbewegungen auf das Fallen in die Bauchlage vorbereitet, bis sie gekippt werden.

Abb. 11: Einhändiger seitlicher Bauchlagegriff mit sichernder Hand an den Schultern: Sandwich

Spiel- und Übungsanregungen

◆ Die Hände waschen: Die Eltern setzen sich das Kind auf ihren angewinkelten, angehobenen Oberschenkel, fassen beide Unterarme
ihres Kindes und reiben dessen Handflächen aneinander. Mit dieser
Initiative wird das Kind angestoßen, die Bewegung eigenständig fort-
zusetzen. Vers: *„Hände waschen, Hände waschen, das kann jedes
Kind, Hände waschen, Hände waschen, das geht ganz geschwind"*
(Gleiches mit Patschen, Spritzen o.a.).

◆ Wetterwechsel: Der Kursleiter erzählt eine Geschichte mit viel Dyna-
mik, z.B. von Sonne, Regen und Sturm. Eltern und Kinder setzen die
Erzählung in Bewegung um.

◆ Wasser ist nass: Den Körper verschiedentlich mit Wasser benetzen
und bestreichen. Dazu singen: *„Wasser macht die Arme nass, Arme
nass, Arme nass, Wasser macht die Arme nass, Arme nass."*

◆ Große Arme, kleine Arme: Das Kind sitzt rücklings auf dem angewinkelten, angehobenen Oberschenkel der Eltern. Die Eltern umfassen die Unterarme ihres Kindes und schwingen diese kreisend (im
Windmühlenstil) vorwärts. Nach-
folgend variieren sie die gleiche
Übung mit kurzen, schnelleren
Armbewegungen, wobei die Hände Wasser schöpfen, und begleiten rhythmisch die Bewegung mit:
*„Gro-ße Ar-me ziehen krau-lend,
krau-lend, kleine Arme schöpfen
Was-ser, Was-ser, Was-ser, Wasser und die ganz, ganz kleinen
Hände patschen kräftig, patschen
kräftig, patschen kräftig, patschen
kräftig."*

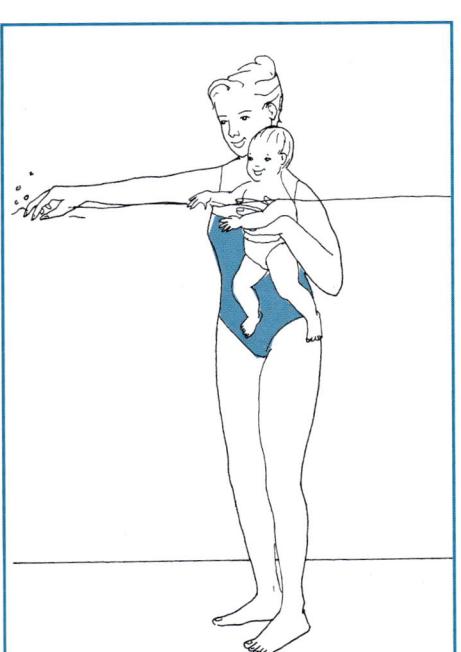

*Abb. 12: Einhändiger rückwärtiger
Brustkorbgriff in vertikaler Stellung
des Kindes: Umschlingung*

Spiel- und Übungsanregungen

◆ **Wippe:** Kinder liegen gestreckt mit dem Bauch auf der elterlichen Schulter; der Kopf ragt über den Rücken nach hinten. Die Eltern heben und senken die Beine, sodass das Kind die Bewegungen seinerseits ausgleicht.

◆ **Froschbewegungen:** Gleiche Ausgangslage wie bei der *Wippe*. Die Eltern fassen die Unterschenkel ihres Kindes und führen die Beine: anhocken, auseinander grätschen, zusammenschließen. Dazu sprechmelodisch begleiten (z.B.: „Quak!").

◆ **Strampelbewegungen:** Gleiche Ausgangslage wie bei der *Wippe*. Die Oberschenkel des Kindes mit beiden Händen fassen und seine Beine wechselseitig auf- und abbewegen (Kickbewegung). Pausen einlegen, in denen das Kind die Bewegung – erst einmal angestoßen – selbst fortführen kann.

◆ **Beinschütteln in Stufen:** Die Eltern umfassen den Unterschenkel des einen Beins mit beiden Händen und lockern leicht schüttelnd das Fußgelenk des Kindes. Dann verlagern sie den Griff zum Oberschenkel des Kindes und lockern das Kniegelenk. Nachfolgend wandert der Griff zur Taille des Kindes und bewegt durch Heben und Senken das ganze Bein bis zum Becken. Die gleiche Übung wird mit dem anderen Bein wiederholt.

◆ **Schulterhandstand:** Das Kind stützt sich mit den Händen auf die Schultern der Eltern. Die Eltern heben das Kind an den Beinen hoch in den Handstand.

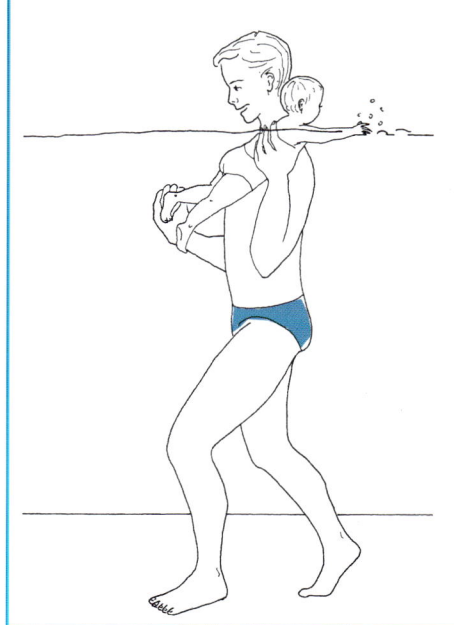

Abb. 13: Einhändige frontale Bauchlageposition des Kindes mit Brustablage auf der Schulter: Schulterbalance

Bewegungsraum Wasser

Spiel- und Übungsanregungen

◆ **Karussell:** Die Eltern führen ihr Kind in wechselnder Geschwindigkeit um den eigenen Körper und singen dazu: *„Hier im blauen Wasser steht ein Karussell, manchmal fährt es langsam, manchmal fährt es schnell. An-hal-ten, Richtung wech-seln, los-fah-ren."*

◆ **Vorwärts und rückwärts:** Die Eltern führen das Kind um den eigenen Körper herum und kippen es vor ihrem Körper in die Rückenlage und hinter ihren Körper in die Bauchlage stets nur so weit, dass das Kind sich zum Ende hin selbst aufrichtet; es muss dann nämlich die Bauchmuskulatur anspannen. Die offene Handfläche sichert den Nacken- und Schulterbereich.

◆ **Kleine Wellen und große Wellen:** Die Eltern führen das Kind um den eigenen Körper, der freie Arm wird unter dessen Hüftbeuge gelegt. Die wellenförmigen Auf- und Abbewegungen werden von sehr kleinen bis zu sehr großen Wellen gesteigert, bis das Kind schließlich aus dem Wasser gehoben und wieder hineingesenkt wird. Sprechmelodisch begleiten.

◆ **Einrollen und ausrollen:** Die Eltern rollen sich ihr Kind an die eigene Schulter in die Seitlage, indem sie den Arm anbeugen und wieder strecken. Dazu sprechmelodisch begleiten: *„Weit weg, nah heran."*

◆ **Guten Tag und auf Wiedersehen:** Die Eltern schütteln mit ihrer freien Hand die ihnen zugewandte Hand des Kindes („Guten Tag") und streichen/krabbeln dann mit der Hand den Körper entlang zum Fuß des Kindes, den sie abschließend schütteln („Auf Wiedersehen") (Seitenwechsel).

Abb. 14: Einhändiger seitlicher Bauchlagegriff mit Oberarmsicherung: Karussell

Spiel- und Übungsanregungen

◆ Alle Füße fliegen hoch: Das Kind lehnt gehalten in Sitzposition an der Schulter der Eltern. Die Eltern ergreifen seine Unterschenkel, trommeln mit seinen Füßen auf das Wasser („Al-le Fü-ße") und heben diese in die Luft („flie-gen hoch"), sodass die Wirbelsäule gerundet wird.

◆ Schlafen und aufstehen: Das Kind lehnt an der Schulter der Eltern. Letztere halten das Kind von unten her an den Oberschenkeln und fordern es auf, sich aufzurichten und in der gehaltenen Sitzposition stabil zu bleiben.

◆ Fußgröße messen: In der Gegenüberstellung mit einem anderen Eltern-Kind-Paar werden gegenseitig die Fußsohlen der Kinder aneinander gelegt und verglichen.

◆ Die Füße fangen: Von zwei Eltern-Kind-Paaren in Gegenüberstellung bewegt sich ein Paar rückwärts, das andere vorwärts; Letzteres versucht, die anderen Kinderfüße zu fangen. Fänger und Läufer wechseln.

◆ Großer Zeh: Die Eltern massieren die Zehen des Kindes einzeln und fragen dabei ab (großer Zeh, kleiner Zeh).

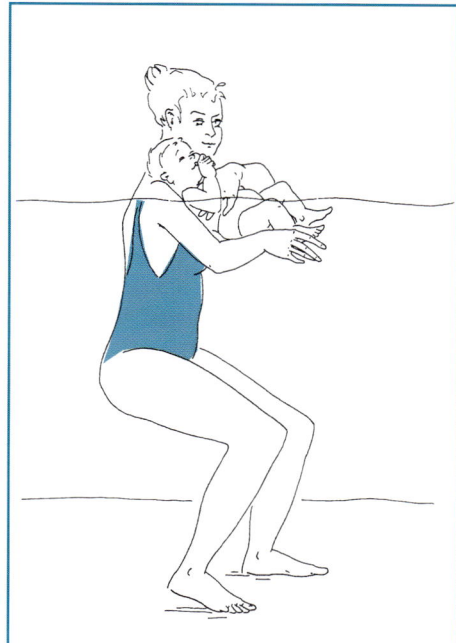

Abb. 15: Einhändige rückwärtige Rücklageposition des Kindes mit Kopfablage auf der Schulter: Relax Cheek-to-Cheek

Spiel- und Übungsanregungen

◆ **Bauchprusten:** Die Eltern halten ihr Kind in Sitzhalte (die Füße des Kindes liegen dabei mit den Waden auf den Schultern) und führen es beidhändig aufwärts zu ihrem Gesicht, bis sie an den Kindesbauch pusten können.

◆ **Schaukeln:** Das Kind unter ständigem Blickkontakt nach rechts und links im Wasser wiegen. Dazu rhythmisch singend begleiten: *„Schaukeln hin und schaukeln her, ach, das fällt uns gar nicht schwer."*

◆ **Gegenseitiges Flüstern:** Dem Kind wechselseitig in die Ohren flüstern und ihm anbieten, es ebenso zu tun. Bei Kindern mit fortgeschrittenem Sprachverständnis (etwa am Ende des dritten Lebensjahres) kann man sie auch ansprechen, das Geflüsterte zu wiederholen.

◆ **Mundmimik:** Die Eltern machen Mienenspiele mit ihrem Mund. Das Kind wird durch das Zuschauen zum Nachahmen eingeladen.

◆ **Mundgeräusche:** In die von den Eltern per Mund produzierten unterschiedlichen Geräusche sollen die Kinder in gleicher Weise einfallen.

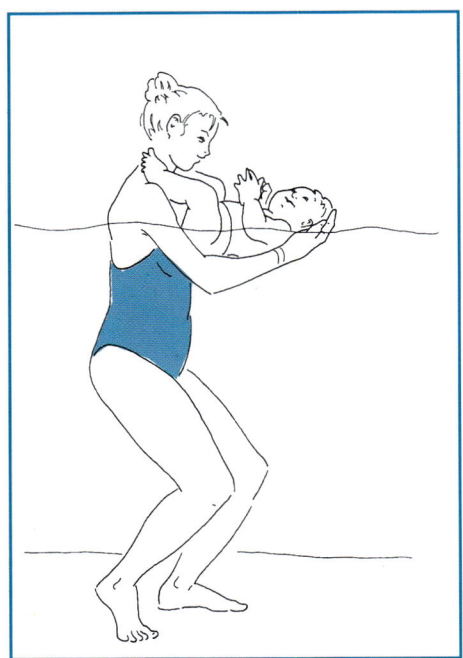

Abb. 16: Beidhändiger frontaler Rückenlagegriff: Kopfschale vis-à-vis

Spiel- und Übungsanregungen

◆ Abgleiter zum Beckenrand: Das Kind sitzt auf einem Arm der Eltern und gleitet zum Beckenrand hin. Dazu sollte ein Signal verabredet werden. Wenn das Kind geübt ist und sich bereits auf die Wasserspritzer eingestellt hat, kann es bei entsprechendem Abstand auch mal unter Wasser gelangen und sich dann am Beckenrand hochziehen.

◆ Fahrstuhl: Das Kind sitzt auf den Händen der Eltern. Sie heben es langsam an und fordern das Kind auf abzuspringen. Vor dem Untertauchen wird es wieder aufgefangen. Ist das Kind wassergewöhnt, so darf es nach dem Sprung auch eintauchen.

◆ Hochsitz: Das Kind sitzt auf den Schultern der Eltern. Die Unterschenkel werden festgehalten. Vor einer mit Tüchern behängten Leine oder einem Tunnel wird das Kind aufgefordert, kopfwärts darunter herzutauchen.

◆ Hochstand: Das Kind steigt mit Handhaltung über den Rücken der Eltern zum Stand auf die Schultern der Eltern und springt nach vorne ab. *Wichtig*: Die Hände des Kindes sind beim Absprung loszulassen.

◆ Handstütz: Aus dem Armsitz mit Sicherung an der Brust wird das Kind zunächst zum Vorlehnen auf einer Matte durch Anzählen und Anbahnen der Stützbewegung vorbereitet. Nach erfolgtem Abstützen soll das Kind aus eigener Kraft die Matte erklimmen.

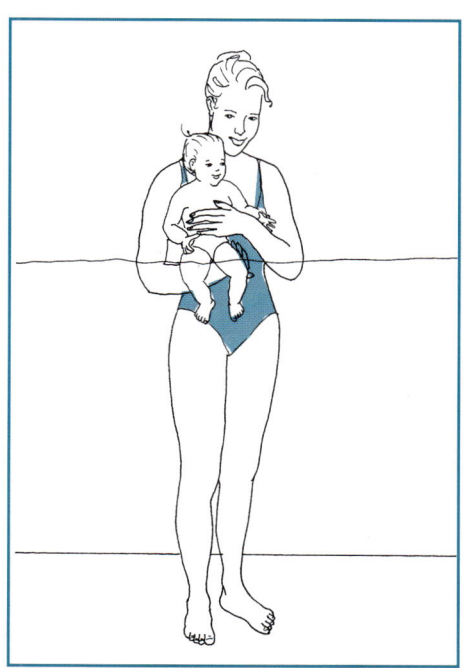

Abb. 17: Einarmiger Tragegriff in der Sitzposition des Kindes für Sprünge: Armsitz

Spiel- und Übungsanregungen

◆ **Taxi:** Das Absteigen und Aufsteigen des Kindes vom Rücken der Eltern an die Griffleiste des Beckenrands wird mit den Worten „Aussteigen" und „Einsteigen" mehrfach geübt. Das Kind wird spielerisch aktiviert, indem es gefragt wird, wohin das *Taxi* fahren soll.

◆ **Festhalten üben und Rodeoreiten:** Die Eltern versuchen, das Kind durch unvermittelte Bewegungen wie Stopps, Starts, Drehungen und Wendungen zu Reaktionen herauszufordern (Festhalten und Balancehalten).

◆ **Tunnelfahrt:** Eltern und Kind durchqueren im Becken verteilte flache und hohe, enge und weite Tunnelbauten. Im Tunnel werden Stimmgeräusche erforscht.

◆ **Motor an – Motor aus:** Die Eltern bewegen sich im Laufschritt durch das Becken, wobei die Kinder strampelnd mithelfen. Unterbrechen die Kinder die Bewegung, so bleiben auch die Eltern stehen.

◆ **Gemeinsames Abtauchen:** Zuerst unterqueren die Eltern gehend z.B. eine Leine mit Tüchern. Anschließend durchschwimmen sie die Barriere; danach durchtauchen sie diese. Das Kind soll zum Repetieren animiert werden. Als Hilfestellung vorher anzählen.

Hinweis:
Weitere Griffe zum Tauchen folgen im nächsten Kapitel.

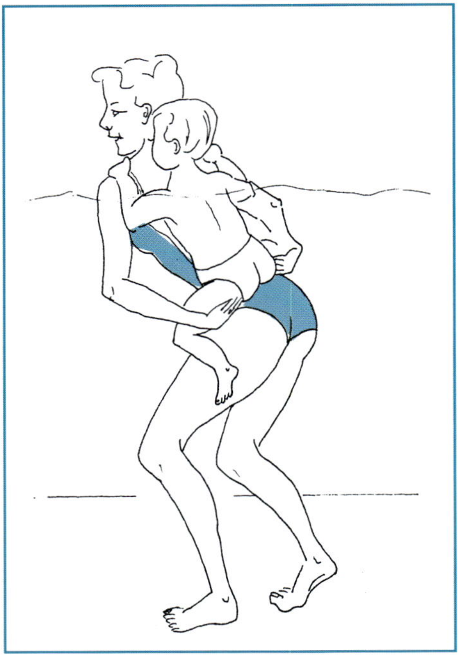

Abb. 18: Beidhändiger rückwärtiger Rückentragegriff mit Sicherung an den Oberschenkeln: Reiter

6.2.4 Wassergewöhnung und Tauchtechniken

Zu den wesentlichen Zielsetzungen des Kleinkindschwimmens zählt die Wassergewöhnung. Das Kleinkind soll den Wasseraufenthalt als entspannt, angenehm und als lern- und erfahrungsreiche Auseinandersetzung erfahren und sich mit den Eigenschaften und Wirkungen des Elements vertraut machen, Wasser am ganzen Körper, insbesondere an Kopf und Gesicht, tolerieren. Wasser verändert die Körperlage, das Hören, Sehen, Riechen, Schmecken und Atmen. Sobald Wasser unser Gesicht benetzt, stockt der Atem (Mund-Nase-Reflex). Nerven in der Nase melden, dass sich die Atemumgebung verändert hat, die Atembewegung setzt reflektorisch aus. Der Kehlkopfreflex (*Larynxreflex*) verschließt die Stimmritze (*Epiglottis*) im Hals-Nasen-Rachenraum, sowohl beim Schlucken als auch um die Luftröhre vor Fremdkörperaspiration zu schützen.

Die Atmung passt sich auch Gefühlen und Situationen an. Wir halten unsere Atmung an, wenn wir angespannt sind, wenn wir bestimmte Situationen erwarten und Zeit haben, uns darauf einzustellen, wie z.B. beim Aufbauen von Körperspannung und vor dem Sprung ins Wasser.

Da Kleinkinder sehr unterschiedliche Vorerfahrungen mit Wasser haben, hat sich ein Kursleiter vorher eingehend mit jedem Kind zu befassen, um zu erkunden, wie es auf Wasser im Gesicht in reflektorischer, antizipatorischer und emotionaler Hinsicht reagiert – d.h., wie es mit Wasser umgeht. Um dies zu erfahren, hat sich die Wassergussmethode bewährt (vgl. AHRENDT 2000a, 2000b).

Der *Wassergusstest* sollte erst dann durchgeführt werden, wenn sich das Kind im Wasser akklimatisiert hat und wach, aufmerksam und aufnahmefähig ist.

Ablauf der Wassergussmethode:

◆ Die Eltern halten das Kleinkind im *Körbchengriff*.
◆ Die Lehrperson steht neben dem Elternteil, spricht das Kind an und überprüft dabei durch Klopfen mit einer Schüssel auf die Wasseroberfläche seine Aufmerksamkeit.
◆ Streckt das Kind die Hand danach aus, so füllt der Kursleiter die Schüssel mit Wasser und gießt es über Hand, Arm, Schulter, Hinterkopf auf den Kopf, sodass das Wasser das Gesicht überströmt.
◆ Orientiert sich das Kind direkt wieder zur Schüssel nach vorne, ist muskulär entspannt und lässt emotionales Wohlbefinden erkennen, dann wird der Vorgang wiederholt.
◆ Beim zweiten Wasserguss sollte das Wasser rund zwei Sekunden über das Gesicht fließen. Wenn sich die Augen schließen und öffnen (Lidschluss), der Mund Kaubewegungen zeigt, um die Anspannung der Gesichtsmuskulatur aufzulösen, der Blick sich schnell wieder zur Schüssel hin orientiert, keine Anzeichen von Angst und Unwohlsein in der Gesichtsmimik erkennbar sind und der Atem nicht stockt (Fühlen am Brustkorb), dann hat das Kind eine positive Gusstestreaktion (GTR) (bei entsprechendem Gesichts- oder Körperausdruck) oder eine neutrale GTR gezeigt.
◆ Im Falle von positiver oder neutraler GTR kann das Kind systematisch an kurze Eintauchsituationen herangeführt werden.
◆ Die GTR ist ein Indikator für die Tauchbereitschaft des Kindes. Sie sollte auf Grund der wechselnden Tagesform, Entwicklungsphase, Erregbarkeit und Aufnahmebereitschaft des Kindes in jeder Unterrichtsstunde erneut überprüft werden, allerdings in Varianten. Mithilfe eines Wassertunnels, einem Wasserschlauch, einer Gießkanne oder anderer Wasserspritzspiele werden die Übungen zum Eintauchen stets vorbereitet. Sie helfen zu entscheiden, in welcher Tagesform sich das Kind befindet und ob es zum Tauchen bereit ist.
◆ Entscheidungskriterium für den Kursleiter sind darüber hinaus die Körpersprache und Sicherheit im Handling der Eltern, gegebenenfalls ist auch ihr Verhalten anzusprechen.

Diese Methode zeichnet sich dadurch aus, dass sie zum einen die emotionale Tauchbereitschaft ermittelt, zum anderen bei Wasserangst einzugreifen ermöglicht (Desensibilisierung). Sie kann differenziert (viel oder

wenig Wasser) angewendet werden. Es ist nämlich wichtig, darauf hinzuweisen, dass der Wassergusstest *nicht* zwangsläufig mit dem Tauchen verknüpft wird.

Das Kind erfährt das Wasser, kann sich anpassen und lernt, sich zu schützen (kein Schlucken oder Verschlucken von Wasser). Ohne Druck oder Überreden kann möglicherweise vorhandene Angst genommen werden, indem das Kind einen systematischen Ablauf aktiv auffasst (perzeptives Lernen). Es kann sich durch Sehen, Fühlen, Berühren, Spüren des Wassers darauf einstellen und hat nach dem Wasserguss Zeit, sein Erlebnis emotional und motivational zu ordnen, zu verarbeiten und auszudrücken.

Aus der dann zutage tretenden Verhaltensweise *lesen* Eltern und Kursleiter ab, ob das Kind das Wasser als solches und auch das Eintauchen akzeptiert. Zum Sprechalter hin wird es zunehmend einfacher, sich über die Abläufe auch mündlich zu verständigen.

Bewegungsraum Wasser

Die Wassergussmethode im Schema ihres fünfphasigen Ablaufs (vgl. Abb. 19):

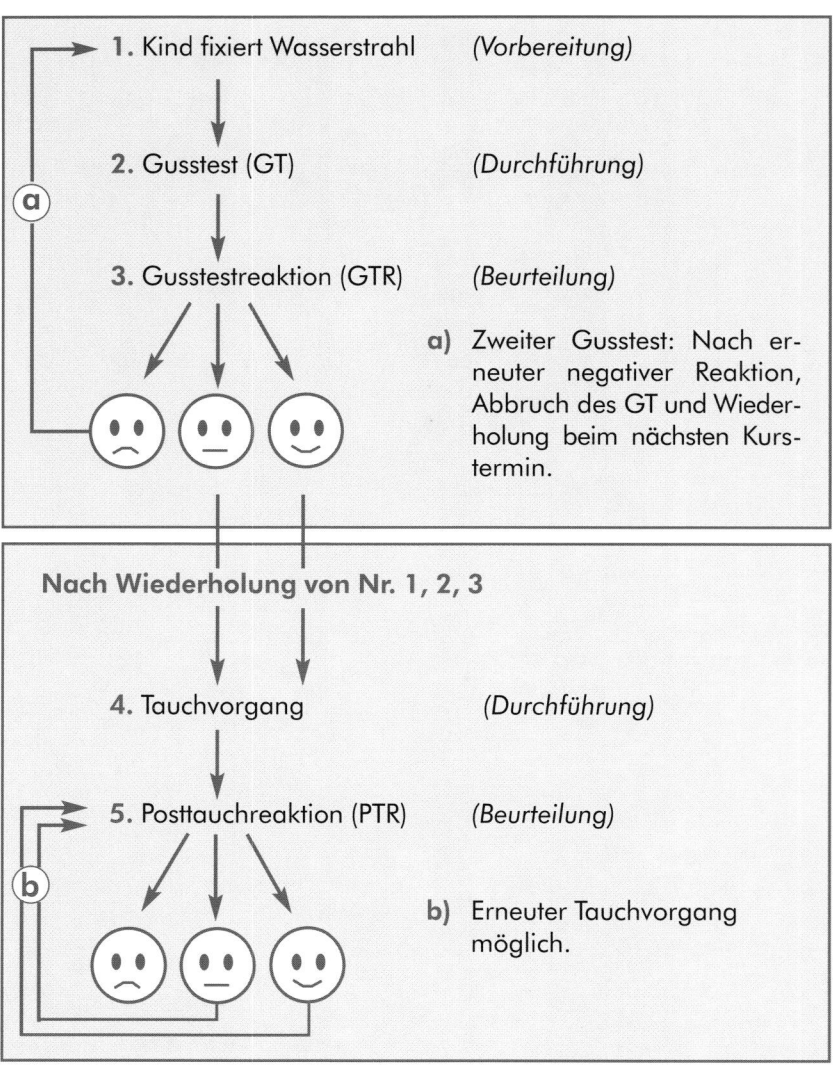

Abb. 19: Ablaufschema Wassergussmethode und Tauchen

Erst nach erfolgreicher Wassergusstestreaktion liegen hinreichende Erkenntnisse über die Wassergewöhntheit und Tauchbereitschaft des Kindes vor. Wegen der neuen, bevorstehenden Aktion muss das Kind aufmerksam sein. Es darf damit keinesfalls überrascht, sozusagen überfallen werden. Es wird darauf vorbereitet, eine Person, einen Gegenstand oder Ort (Beckenrand) zu fixieren, auf die/den nachfolgend mit elterlicher Hilfe hingetaucht wird. Und diesen Zielpunkt suchen Eltern mit ihrem Kind sozusagen in Trockenübung *vorher* aus, um der kindlichen Vorstellungskraft einen sicheren Rückhalt zu geben. Bei Sprung-, Fall- und Rutschsituationen oder in der *Fliegerhaltung* hatte sich das Kind bereits schrittweise auf einen spritzenden Bewegungsablauf mit anschließendem Eintauchen gewöhnt und erwartet nun ein Untertauchen des Kopfs. Das kopfwärtige Eintauchen ist vorteilhaft, weil erst die Hände und die Schädeldecke das Wasser berühren, bevor es an Augen, Nase und Mund gelangt. Bei dieser Bewegungsrichtung dringt auf Grund der Nasenstellung normalerweise kein Wasser in die Nase ein.

Zuerst reicht schon ein einsekündiges Untertauchen. Erst nach und nach ist die Dauer zu steigern, indem man das Kind z.B. nach dem Springen selbst auftauchen lässt, dabei ständige Blickkontrolle behält und ihm eine Hand als sicheres Ufer zum Festhalten anbietet.

Der oben genannte, vorher anvisierte, sichere Fixpunkt ist nun nach dem Auftauchen deshalb wichtig, damit sich das Kind orientieren kann. Je öfter die Übung wiederholt wird, desto mehr wächst sein Zutrauen und Gespür für Sicherheit. Ältere Kinder erlernen das selbstständige Tauchen eher durch gerätemäßige (materiale), sprachliche (verbale), bildlich dargestellte oder Vorbild gebende (imitative) Aufforderungen. Dazu können dann schon Treppenstufen oder der Beckenrand zum Absprung dienen. Hilfreich ist immer, wenn die Eltern ihre möglicherweise vorhandene eigene Scheu vor dem Untertauchen ablegen und selbst vortauchen (Vorbild).

Daraus schöpft das Kind Mut und Anregung, gemeinsam mitzutauchen. Ab dem dritten Lebensjahr taucht das Kind auch schon einmal ohne Aufforderung allein aus eigenem Antrieb. Es ist dann so weit motiviert auszuprobieren. Das Kräftemessen beginnt, wie lange es unter Wasser bleiben kann, und auch das Entdecken, nämlich mit geöffneten Augen unter Wasser zu sehen.

Für die verschiedenen Eintauchsituationen, die nicht als Tauchübungen hinsichtlich Tauchtiefe, -strecke oder -dauer gedacht sind, sondern als eine Art spielerisches Sicherheitstraining, eignen sich folgende Techniken und Griffe:

◆ **Eintauchen aus dem seitlichen Schwenken:** Die Eltern stehen seitlich vor dem Beckenrand und halten das Kind im *Gegenüberstellungsgriff*. Sie ziehen das Kind seitlich zum Rand hin durch das Wasser, sodass Kopf, Ohr und Gesicht vom Wasser berührt werden (1). Diesem Schwenk nach außen folgt ein zweiter zum Rand hin, bei dem auch Auge und Mundwinkel ins Wasser tauchen (2). Der dritte Schwenk wird etwas von oben kommend angesetzt. Das Kind berührt mit Hand und Kopf das Wasser, eine Welle zieht über den Kopf und, in die Bauchlage gedreht, taucht das Kind wieder auf und wird zum Beckenrand geschoben.

◆ **Eintauchen nach Abgleiter aus dem Unterarmsitz:** Die Eltern stehen vor dem Beckenrand, das Kind sitzt auf ihrem Unterarm. Durch Klopfen auf das Wasser lenken sie die Aufmerksamkeit des Kindes auf die Wasseroberfläche. Nun fordern sie das Kind auf, zum Beckenrand zu springen. Mit der freien Hand stützen sie ihr Kind nach dem Auftauchen unter der Brust und geleiten es zum Beckenrand. Die Übung lässt sich nach diesem Muster auch aus dem *Schultersitz oder dem Handschalenstand* durchführen.

◆ **Eintauchen aus dem Flieger von oben:** Die Eltern halten ihr Kind – vor dem Beckenrand stehend – im *Sandwichgriff*, d.h., sie stützen das Kind in Bauchlage unter seiner Brust und halten es im Schritt. Das Kind wird zweimal auf den Beckenrand zu- und wegbewegt und senkrecht hoch in die Luft gehoben. In dieser Stellung wird einen Moment verharrt, bis sich das Kind zur Wasseroberfläche orientiert, und kippt es dann kopfwärtig nach vorne ab, wobei es seine Arme ganz unwillkürlich vor den Kopf streckt (zur Stützfunktion der Arme). Wenn nun das Kind vorerst nur mit Stirn, Augen und Nase (Nasendipper) die Wasserfläche berührt, wird das Augenmerk auf den Lid- und Mundschluss gerichtet. Erst wenn mehrfach beobachtet wurde, dass das Kind die Schutzmechanismen auslöst, kann es mit dem ganzen Gesicht, später auch mit dem Kopf eingetaucht werden.

Wem das Handling mit dem *Sandwichgriff* nicht gelingt, der kann auch den *Karussellgriff* anwenden, bei dem der dem Körper der Eltern abgewandte Oberarm und der zugewandte Oberschenkel des Kindes umfasst werden. Auch der rückwärtige *Trophäengriff* ist möglich.

◆ **Eintauchen aus dem Sitz vom (hohen) Beckenrand:** Die Eltern stellen sich seitlich vor den Beckenrand und halten das Kind im *Sandwichgriff*. Das Kind wirft ein Spielzeug vor sich ins Wasser, beugt sich vor und wird beim nachfolgenden Abfallen unter der Brust und am Rücken gestützt. Es taucht kopfwärtig ein und vor dem Spielzeug wieder auf. Der gleiche Ablauf kann mit der Ausgangslage vom flachen Beckenrand auch aus dem Stand des Kindes erfolgen.

6.2.5 Bewegungsanregungen im Stationsbetrieb

Der Stationsbetrieb stellt ein organisatorisches Mittel dar, um den Unterricht vielfältig zu gestalten. Dies kommt dem lebhaften Bewegungsbedürfnis und ausgeprägten Spieltrieb des Kindes besonders im zweiten Lebensjahr sehr entgegen, zumal auch stark schwankende Tagesform, individuelle Bedürfnisse und unterschiedliche Aufmerksamkeitsspannen zu berücksichtigen sind. Mit 2-3-Jährigen können im Stationsbetrieb schon Fertigkeiten gezielt geübt werden.

Hier können die Kleinkinder
◆ mehrere Spielgeräte kennen lernen und ausprobieren.
◆ auswählen, in welcher Art und Weise sie spielen und üben wollen.
◆ unterschiedliche Fähigkeiten üben und Erfahrungen machen.
◆ die jeweiligen Spielstationen mit unterschiedlicher Dauer ausprobieren.

Die Anzahl der Stationen ist so anzulegen, dass die Kinder mit ihren Eltern auch durch Überspringen von Stationen ohne Wartezeiten beschäftigt sind. Der Aufwand, auch mit Großgeräten zu arbeiten, ist natürlich zeitaufwändiger als nur mit Kleingeräten, darf jedoch hier kein Hindernis sein. Größe und Beschaffenheit des Beckens geben dafür den Rahmen vor. Ebenso können Stationen mit genügend Raum zum elterlichen Vormachen und kindlichen Wiederhole n eingeplant werden.

Günstig ist, sich an den Ecken des Schwimmbeckens für die räumliche Planung zu orientieren und einen Wechsel der Beanspruchungsformen einzuplanen.

Ausgehend von einem Lehrschwimmbecken (~ 12 x 8 m), bei einer Teilnehmeranzahl von etwa acht Eltern-Kind-Paaren, kommt der Kursleiter mit ungefähr 4-6 Stationen aus. Bei Kleinkindern im dritten Lebensjahr kann der Kursleiter die Aufgaben zur Hilfestellung in Form von Bildmaterial (in Folien) an den Stationen aufhängen. So können die Eltern sich vor Beginn eingehend mit ihrem Kind die Aufgabe anschauen, diese er-

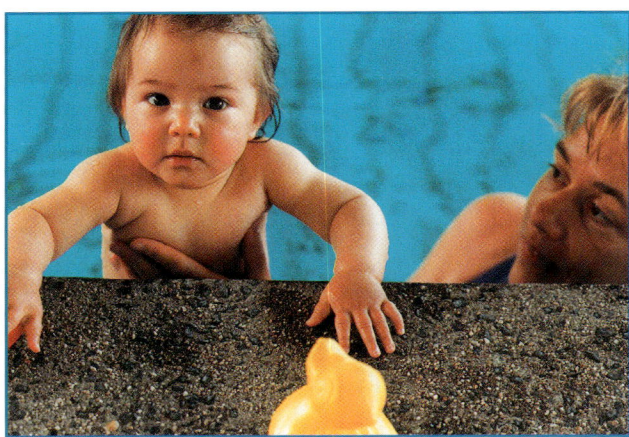

klären und das Kind auch sprachlich und begrifflich einweihen (Lernen über kognitives Erfassen von Sprache und Bildern).

Die Übungen an den Stationen sind aus dem altersgemäßen Repertoire auszuwählen (s. Kap. 2.1 und 6.2.1).

Der Stationsaufbau kann entweder mit der Gruppe gemeinsam nach den Phasen des Akklimatisierens und Wahrnehmens erfolgen, oder zweckmäßigerweise vor Unterrichtsbeginn vom Kursleiter allein fertig gestellt worden sein, damit die Kinder sofort nach dem Begrüßen die Stationen bestürmen können. Diesen positiven Aspekt, Wasser erleben zu wollen, sollte ein Kursleiter weidlich nutzen.

Bewegungsraum Wasser

Hierzu einige Beispiele für Bewegungsanregungen im Stationsbetrieb:

Thema: Wir machen Musik

Station 1: **Glöckchen:** Sie hängen an einer Leine und sollen durch Entlangschwimmen und Berühren mit Händen und Füßen zum Läuten gebracht werden.

Station 2: **Rasseln:** Die Rasseln liegen in der Überlaufrinne. Am Beckenrand entlang zu den Rasseln klettern, mit ihnen Geräusche erzeugen und sie aus der Rinne räumen. Nachfolgend die verschiedenen, unterschiedlich mit Kieseln gefüllten Shampooflaschen wieder gezielt zurück in die Beckenrinne werfen.

Station 3: **Matte:** Mit einem Holzkochlöffel auf der Matte und kleinen, umgedrehten Schüsseln trommeln. Danach mit Händen und Füßen auf der Matte trommeln.

Station 4: **Flaschenblasen:** Leere Flasche untertauchen und Blasen aufsteigen lassen. Gesicht eintauchen und mit dem Mund Blasen ins Wasser pusten.

Station 5: **Suppenlöffel aus Blech:** Von einer Beckenseite zur anderen schwimmen und mit Löffeln am Bügel der Ausstiegsleiter klappern. Dafür klettern die Kinder aus dem Becken und springen nach Abgabe des Löffels wieder hinein zu ihren Eltern.

Thema: Wasser erleben

Station 1: **Wasserschlauch:** Ein Wasserschlauch wird auf einen Wasserhahn/Zufluss gesteckt, sodass die Kinder das fließende Wasser, ähnlich einem Springbrunnen, beobachten und erfühlen können. Unter dem plätschernden Strahl lässt es sich duschen oder darunter hertauchen.

Station 2: **Wasserschüssel:** Die Kinder transportieren Wasser in Schüsseln auf einem Schwimmbrett von einer Seite auf die andere und heben und stellen die Schüsseln gefüllt auf den Beckenrand. Anschließend hinausklettern und zum von den Eltern gehaltenen Brett springen lassen.

Station 3: **Wassertunnel:** Eine Lochmatte liegt auf dem Beckenrand. Über den Tunnel wird Wasser gegossen, wenn ein Eltern-Kind-Paar passiert.

Station 4: **Gießkannen:** Wasser soll mit einer Gießkanne aus einer Wassertonne geschöpft und in ein Rohr gegossen werden. Fortbewegen zwischen zwei Orten.

Station 5: **Matte mit leeren Shampooflaschen:** Die Shampooflaschen werden gefüllt und dann unter gegenseitigem Nassspritzen ausgedrückt und -geschüttet.

Station 6: **Spiegel (aus Folie):** Ins Wasser ausatmen mit Kontrollblick in den Spiegel oder mit dem Mund Wasser gegen das eigene Spiegelbild spucken. Für die Älteren: untertauchen und sich im Spiegel anschauen.

Thema: Bälleallerlei

Station 1: **Styrodurmatte:** Diese liegt auf dem Beckenrand oder wird gehalten. Die Kinder klettern auf den Beckenrand, erhalten von ihren Eltern einen Ball, lassen ihn über die Matte rollen und folgen rutschend hinterher, um diesen wieder einzufangen. Das Rutschen, je nach Fähigkeit mit dem Ein- oder Untertauchen abschließen.

Station 2: **Reifen:** Ein Reifen liegt auf dem Wasser (am Beckenrand mit 5-kg-Tauchring und Schnur befestigt). Der Ball soll in der Reifenöffnung unter Wasser gedrückt werden, die Kinder blubbern oder tauchen hinein. Die Eltern variieren den Schwierigkeitsgrad durch Hochhalten des Reifens – je nach Fähigkeit. Dieselbe Übung rückwärts.

Station 3: **Rohr:** Kleine Bälle in ein Rohr stecken und am anderen Ende wieder in Empfang nehmen.

Station 4: **Reifen:** Ein Reifen wird über das Wasser gehalten oder an einer Schnur aufgehängt. Die Kinder werfen den Ball hindurch, holen ihn wieder und werfen erneut.

Station 5: **Strandbälle:** Die Kinder legen sich bäuchlings auf den nur leicht aufgeblasenen Ball und bewegen sich strampelnd auf die andere Beckenseite.

Station 6: **Ballkorb und Kegel auf einer Matte:** Mit Bällen sollen Kegel (Flaschen) gezielt auf einem Brett umgeworfen werden.

6.2.6 Wahrnehmungsübungen

Die Fähigkeiten, mit den Sinnen und mit dem gesamten Körper wahrzunehmen, lassen sich in Übungen entwickeln und trainieren.

Im *optischen* Bereich werden Farben und Formen unterschieden und bewegte Ziele verfolgt. Durch Geräusche und Klänge (nonverbal) wird der *akustische* Apparat aktiviert. Im *taktilen* Bereich werden durch die Tastsinne Formen, Mengen, Größen und Gewichte erfasst. Die *Körperorientierung* ist vielschichtig: Durch Berühren und Benennen werden die verschiedenen Körperteile bewusst gemacht und das Körperschema aufgebaut. Das Orientieren im Raum gilt sowohl hinsichtlich der dreidimensionalen Ausmaße als auch des Körpers selbst mit seinen Grenzen sowie der Körperlage und dem Gleichgewicht. Auch das Reaktionsvermögen und des Handgeschick beim Greifen, Fangen und Werfen lassen sich schulen, wobei akustische oder taktile Signale diese Arbeit unterstützen.

6.2.6.1 Der optische Bereich

Die folgenden Spielideen eignen sich zum Beobachten, Suchen und Unterscheiden nach Farbe oder Form:

◆ Wir decken den Tisch: Auf einem Schwimmbrett Becher, Teller, Löffel platzieren.
◆ Geräteversteckspiel: Eine Gruppe versteckt im Schwimmbecken unter Matten, Brettern und Schüsseln Gegenstände; die andere Gruppe sucht diese.
◆ Vier Wände – vier Farben: Beckenrand mit farbigen Brettern oder Markierungshütchen kennzeichnen. Alle im Wasser liegenden Gegenstände einsammeln und ihren Farben entsprechend den markierten Plätzen zuordnen.

◆ „Rot, rot, rot sind alle meine Kleider": Auf die im Liedtext genannte Farbe hin die dazugehörigen Gegenstände im Schwimmbecken suchen, ergreifen und hochhalten.

◆ Personenversteckspiel: Alle Teilnehmer wenden sich zum Beckenrand. Derweil versteckt sich ein Eltern-Kind-Paar unter den Mattentunneln oder umgedrehten Swimmingpools und wird nun von der Gruppe gesucht.

◆ „Hallo, Kuckuck": Jedes Eltern-Kind-Paar versteckt sich hinter einem vor dem Kopf gehaltenen Schwimmbrett. Wenn es beim Herumwandern auf andere trifft, lugt es hervor.

◆ Nach Farben sortieren: Auf dem Wasser schwimmen farbige Reifen, in die z.B. Bauklötze mit der entsprechenden Farbe hineinsortiert werden sollen.

◆ Luftballons: Eltern werfen Luftballons hoch, Kinder beobachten das Herabfallen und fangen sie auf.

◆ Billardtisch: Um eine Matte versammeln sich mehrere Eltern-Kind-Paare, die einen Ball durch Antippen hin- und herbewegen und dabei beobachten.

◆ Ballspiel: Ball hin- und herwerfen, treten (Fußball), schieben (Handball), stoßen (Kopfball).

6.2.6.2 Der akustische Bereich

Bei den folgenden Spielen werden Geräusche erzeugt, die das Gehör schulen:

◆ Trommelwirbel: Eltern und Kinder t r o m m e l n mit ihren Händen auf und unter dem Wasser, vor dem eigenen Mund (Indianerruf) oder auf den eigenen Bauch.

◆ **Strampelorchester:** Kinder werden vom Kursleiter (Dirigent) aufgefordert zu strampeln. Winkt er ab, werden die Bewegungen gestoppt und alle lauschen der Stille. Kinder und Eltern wechseln sich ab. Dabei auch die Lautstärke abstufen (langsam sanfter/heftiger treten).

◆ **Wettergeschichte:** Der Kursleiter erzählt eine Geschichte vom Wetter oder spricht einen Vers: *„Es tröpfelt, es regnet, es hagelt, es stürmt, es blitzt, und dann kommt die liebe Sonne wieder zum Vorschein."* Kinder und Eltern setzen parallel dazu ihre Arme in Bewegung und gestikulieren die Lautstärke.

◆ **Froschkonzert:** Die Gruppe beginnt mit leisem Quaken, steigert sich und bricht auf Signal (Finger am Mund des Kursleiters „Pst!") abrupt ab. Dazu können auch die Hände und Arme schöpfend bewegt werden oder mit den Beinen Froschbewegungen nachgeahmt werden.

◆ **Rassellied (eine Rassel pro Person):** Rhythmisches Rasseln beim Lied: *„Es klappert die Mühle am rauschenden Bach."*

◆ **Rassellied (mit zwei Rasseln):** Rhythmisches Aneinanderklopfen zweier Rasseln nach dem Lied: *„Wer will fleißige Handwerker sehen."*

◆ **Blubberkonzert:** In einem Frontalkreis blubbern Eltern und Kinder Blasen ins Wasser. Dabei versuchen sie, die Tonhöhe zu variieren.

◆ **Musikstoppspiel:** Die Gruppe bewegt sich nach Musik durch das Becken. Verklingt die Musik, halten alle Personen inne und lauschen den Geräuschen.

◆ **Dirigent:** Die Gruppe planscht mit den Händen auf Zeichen und Signale des *Dirigenten* laut bzw. leise auf der Wasseroberfläche.

◆ **Schwäne und Enten:** Durch Bilder oder auf Zuruf werden Eltern und Kinder aufgefordert, die ruhigen, gleitenden Bewegungen eines Schwans oder die schnatternden, unruhigen, flatternden Bewegungen von Enten auszuführen.

◆ **Schnurkreis:** Wird die Schnur hochgehoben, werden mit dem Mund hohe Töne erzeugt. Wird die Schnur gesenkt, folgen tiefe Töne.

◆ **Kleine Hunde – große Hunde:** Durch Bilder oder auf Zuruf wird Eltern und Kindern signalisiert, entsprechend zu bellen, mit den Armen zu *hundeln* (rudern) und sich dabei auf andere Eltern-Kind-Paare hinzubewegen.

◆ **„Backe, backe, Kuchen":** Die Gruppe bildet einen Frontalkreis. Die Kinder sitzen rücklings auf dem angewinkelten Oberschenkel der Eltern und klatschen dazu mit beiden Händen rhythmisch nach dem bekannten Vers.

◆ Spritzkreis mit Vers: *„Kri-ra-kri-ra-kreisrund, wir sind die Kinder kunterbunt, und schöpfen nun viel Wasser her, zum Spritzen, Planschen – mehr, mehr, mehr"* (nach der Melodie von *„Ringel-Rangel-Reihe"*).

◆ Flaschentöne: In Flaschen so hineinblasen, dass Heultöne erzeugt werden.

◆ Blubberröhrchen: Durch kleine Schläuche ins Wasser blasen, um Blubbertöne zu erzeugen.

◆ Klangtest: Mit Holzlöffeln auf verschiedene Materialien im und am Beckenrand klopfen, um ein buntes Klanggemisch zu erzeugen.

6.2.6.3 Der taktile Bereich

Spielideen für das Tasten und Fühlen:

◆ „Was ist im Sack?": Drei verschiedene Materialien, z.B. in einen Kopfkissenbezug verhüllt, ertasten, entschlüsseln und dann herausholen.

◆ Kalt, lau, warm: Schüsseln mit abgestuft temperiertem Wasser am Beckenrand aufstellen und die Kinder fühlen lassen.

◆ Weich und hart: Kinder erfühlen unterschiedliche Konsistenz, indem sie im Becken verteilt liegende Schwämme und Topfkratzer anfassen.

◆ Rund und eckig: Kinder ertasten an Bällen und Würfeln unterschiedliche Formen und ordnen diese z.B. auf zwei Matten.

◆ Leicht und schwer: Das Gewicht von mit Wasser gefüllten und leeren Flaschen durch Anheben prüfen und auf zwei Matten ordnen lassen.

◆ Untergrundveränderung: Kinder über den Beckenrand, eine Kunstrasen-, Styrodur- und Schaumstoffmatte gehen oder krabbeln lassen.

◆ **Körperwäsche:** Mit Schwämmen, Topfkratzern und Bürsten waschen sich Eltern und Kinder gegenseitig den Körper bzw. äußern Wünsche, wo sie geschrubbt werden wollen.

◆ **Wand ertasten und sich abstoßen:** Kinder in Bauchlage mit den Füßen voran zur Wand schieben, diese ertasten lassen und zum abschließenden Abstoßen auffordern.

◆ **Mit den Füßen greifen:** Im Becken verteilt liegende Spielsachen mit den Füßen ergreifen und an den Beckenrand transportieren.

◆ **Fußbegrüßung:** Die Eltern halten ihr Kind im Relaxgriff und schieben es zu einem anderen Kinderfüßepaar, um dieses zu begrüßen ("Guten Tag"). Eine Variante: Alle Kinderfüße begrüßen sich im Kreis, nachfolgend führen alle Eltern einen ihrer Füße zur Wasseroberfläche zusammen.

◆ **Füßefangen:** Die Eltern halten ihr Kind im *Sandwichgriff* und fordern es auf, die Füße der anderen Kinder zu fangen.

◆ **Schnapphände:** Die Eltern halten ihr Kind im *Umschlingungsgriff* und animieren es durch Vormachen, die anderen Hände im Wasser zu schnappen und zu begrüßen.

6.2.6.4 Der Bereich der Körperorientierung

Spielanregungen für das Erfahren der Körpergrenzen und des Körperschemas:

◆ **"Wer ist in der Höhle?":** Eltern-Kind-Paar unter einem umgedrehten Planschbecken platzieren. Die anderen Paare erfühlen Kopf und Hände oder Körper von außen und unten.

◆ **Körperzeichnung:** Körper, Hand oder Fuß auf eine Matte oder ein Schwimmbrett legen und mit dem Zeigefinger (wie mit einem Stift) umfahren.

◆ **Händeversteck (Lied):** *"Wo sind meine Hände, ich habe keine Hände mehr, ei, da sind die Hände wieder, tralalalalala."* Hände unter einer Matte verstecken und hervorholen (auch mit anderen Körperteilen).

◆ **Gefangen im Tor (Lied):** *"Ziehet durch, ziehet durch, durch die kleine Brücke, wir fangen gleich, wir fangen gleich ein Kind, um es zu schütteln. 1-2-3."* In einer Schlange durch das von zwei Personen mit den Armen gehaltene Tor wandern. Ein Kind wird zwischen den Armen gefangen, geschüttelt und wieder hinausgeschoben.

◆ **Losfahren und Stau:** In Kreisform hintereinander laufen. Ein Eltern-Kind-Paar stoppt unvermittelt, die anderen fahren aufeinander auf.

◆ Schlupfloch (Vers): *„Schli-Schla, Schli-Schla-Schlupfloch, ich such und find dich doch."* Zauberschnur quer über das Becken spannen, welche der Kursleiter in der Höhe ständig so verändert, dass die Paare hindurchschlüpfen können.

◆ Hindurch und herüber: Kinder hangeln am Beckenrand entlang, die Eltern stellen sich ihnen als Hindernisse in den Weg und sollen kletternd überwunden werden.

◆ Mit Brettern bedeckt: Das Kind im *Relaxgriff* rückwärts durch das Wasser ziehen und mit im Becken verteilten Schwimmbrettern immer wieder neu bedecken.

◆ Zusammenstoß: Kinder im *Trophäengriff* im Wasser herumwandernd auf andere Kinder zuschieben, sodass ihre Hände zusammentreffen.

6.2.6.5 Der Bereich der Raum- und Lageorientierung

Spielanregungen, um die eigene Körperlage und die Lage im Raum wahrzunehmen:

◆ „Tuff, tuff, tuff, die Eisenbahn, wer kommt mit zum Tunnelfahr'n?" (Lied): Zu Tunneln geformte Matten unterqueren.

◆ „Alle Kinder fliegen ..." (Vers): Kinder werden von den Eltern im *Trophäengriff* gehalten und auf Kommando nach außen zum Beckenrand, nach oben zur Decke oder auf Matten o.a. geschoben und gehoben.

◆ „Das ist hoch und das ist tief, das ist gerade, das ist schief ..." (Lied): Eltern halten das Kind im *Gegenüberstellungsgriff* und führen es in die entsprechenden Lagen.

◆ „Nach vorne, nach hinten, nach rechts und nach links, nach oben nach unten, nach rechts und nach links" (Lied): Kinder im *Trophäengriff*, in den Kreis gerichtet, dem Liedtext folgend, bewegen.

◆ „Wir wandern, wir wandern, von einem Ort zum anderen und treffen uns ... (im Kreis)" (Vers): Dem Vers entsprechend sich im Kreis, in der Ecke, im Tunnel treffen.

Als Gleichgewichtsübungen eignen sich:

◆ Wackelpudding: Die Kinder sitzen auf einer Schwimmmatte. Die Eltern bewegen die Matte und lassen sie wieder ruhen.

◆ „Eine Seefahrt, die ist lustig" (Lied): Die Kinder werden, auf einer Schwimmmatte sitzend, von den Eltern durch das Becken geschoben. Dabei wird der Mattenrand wellenförmig auf- und abbewegt, sodass Wasser über die Matte schwappt.

◆ „Auf einer grünen Wiese steht ein Karussell, manchmal fährt es langsam, manchmal fährt es schnell. Anhalten – festhalten – losfahren" (Lied): Die Kinder sitzen auf einer Schwimmmatte, die von den Eltern gedreht wird. Nach jeder Runde Richtungswechsel.

◆ Laufsteg: Über eine Schwimmmattenstraße balancieren und am Ende abspringen. Auch zu einer Hindernisbahn ausbaubar.

◆ Taxi: Kinder sitzen auf einem Schwimmbrett und werden von den Eltern durch das Wasser geschoben. Kinder sollen die Richtung anzeigen, wohin sie gefahren werden wollen. Auf- und Absteigen üben.

◆ Rodeo: Kinder sitzen als Reiter auf dem Rücken der Eltern, die im Rodeostil das Kind zum Festhalten herausfordern.

6.2.6.6 Der Bereich der Reaktionsschulung

Spielideen zur Förderung von Reaktion und Handgeschick:

◆ Schlafendes Krokodil: Kursleiter schnarcht als *Krokodil* in der Beckenmitte. Wacht es auf, wird man von ihm gefangen, wenn man nicht schnell genug an den rettenden Beckenrand entkommt.

◆ Musikstoppspiel: Bei Musikstopp schnellstmöglich an den Beckenrand schwimmen.

◆ Zielwurf: Der Kursleiter zieht z.B. einen Kübel schnell durch das Wasser. Währenddessen sollen die Kinder versuchen, Bälle in den Kübel zu werfen.

◆ Schnapp den Ball: Der Kursleiter zieht einen mit Bällen gefüllten Kübel, die Kinder werden von den Eltern im *Trophäengriff* eilends hinterhergeschoben bzw. in Form von Hechtsprüngen darauf zubewegt, um schnell einen Ball zu ergreifen.

◆ „Brettchen, Brettchen wechsle dich ..." (Vers): Auf Kommando sein eigenes Schwimmbrett loslassen und ein anderes freies Brett suchen.

6.2.7 Spiele mit Materialien und in Gesellschaft

Beim Schwimmen im Kleinkindalter nimmt das Spielen mit Geräten und Materialien einen sehr viel breiteren Raum ein als noch im Säuglingsalter. Die Spielphasen werden deutlich länger. Das Kind spielt intensiver und mit höherer Konzentration. Die Tätigkeiten werden zunehmend dem Spielobjekt angepasst. Diese Art des Spielens ist ein Zeichen für den körperlichen und geistigen Entwicklungsfortschritt.

Im zweiten Lebensjahr erkundet, manipuliert und probiert es vorrangig die verschiedenen Möglichkeiten aus. Das Spielen mit Gleichaltrigen ist noch wenig ergiebig. Wegen der sich ständig erweiternden motorischen Fähigkeiten interessiert sich das Kind für alles Erreichbare und überprüft dessen Funktionen: Klappen, Schubladen, Dosen und Türen werden geöffnet und geschlossen, Flaschen und Wasserhähne werden auf- und zugedreht, Taschen und Papierkörbe werden aus- und eingeräumt. Es beginnt, Objekte zu ordnen, zu kombinieren und zu konstruieren. Das Kleinkind liebt es, Aktivitäten zu wiederholen, wodurch es sicherer und geschickter wird und durch den Erfolg des Funktionierens positiv gestimmt wird.

Erst im dritten Lebensjahr bilden sich über die Kommunikation und das Spielen soziale Kontakte, zumal das Kind selbst nach Gesellschaft strebt. Das Kind interagiert mit einem Spielpartner oder der Gruppe, Lösungen werden ausgehandelt; es beobachtet und lernt von anderen und lässt sich durch die Fröhlichkeit und das körperliche Engagement anstecken, was seine Lernmotivation und sein Lernergebnis begünstigt. Die Spielsituationen führen das Kind zu Vergleichen, woraus Aggressionen und Ängstlichkeit bei ihm entstehen können.

Die kindlichen Spielformen im ersten und zweiten Lebensjahr sind vom *Funktionsspiel* gekennzeichnet: Die Kinder spielen mit dem Körper und Körperteilen, formen Bewegungen und hantieren relativ grob mit Gegenständen und Materialien. Zunächst wird der Nahbereich erkundet. Mit zunehmendem Alter reift das Kind für *Konstruktionsspiele* heran, wenn Anleitungen zur Beschäftigung verstanden werden und sich das Spielverhalten mit räumlicher Orientierung entwickelt: Bearbeiten, Formen und Gestalten mit den Händen, Bauen, Malen und Kneten. Für die

Altersstufe der Ein- bis Dreijährigen eignen sich im Allgemeinen bunte, verschieden geformte Bausteine, Schachteln, Dosen, Becher, Bälle, Ringe, Tiere, Wagen und Puppen. Die *Fiktions- und Rollenspiele* werden erst am Ende des dritten Lebensjahres für das Kind interessant: Zuhören, Beobachten, Mitsingen, Darstellen von Personen und Tieren, Geschichten und Puppenspiele.

Die Spielsituationen im Unterricht sollten vom Kursleiter nach einem klaren Konzept angeboten werden: Als *strukturiertes Spiel* mit Anregungen und darüber hinaus als *gestaltbares Spiel,* bei dem die Fantasie der Teilnehmer einbezogen wird und eine Spielidee gemeinsam mit den Teilnehmern verändert und ausgestaltet wird, oder als *freies Spiel* ohne Anleitung.

Die Auswahl der Spielmaterialien ist am *Entwicklungsalter der Kinder* auszurichten. Die Verträglichkeit für die Gesundheit ist zu beachten. Die Dinge sollten für das Wasser *praktikabel* (abwaschbar und haltbar) und aus pädagogischer Sicht *gestaltbar* sein, d.h., ihre Einfachheit soll die Fantasie anregen und den Tätigkeits- und Bewegungsdrang zu vielfältiger Verwendung beflügeln.

Das Becken in seiner starren Form sollte variabel unterteilt und gestaltet werden: Durch Saugnäpfe, Kunststoffseile, Matten und Kunststoffbänder können visuelle Orientierungsmarken für Kleingruppen, Spiele oder den Stationsbetrieb gesetzt werden.

Für das Spielen ist bezeichnend, dass sich Kinder – wie auch Eltern – intensiv mit der Aufgabe bzw. Person auseinander setzen, was letztlich den Spielanreiz ausmacht. Der dabei im Unterricht bewusst aufgebaute *Spannungsbogen* wird vom Kursleiter beobachtet und im Sinne der Zielsetzung gesteuert, d.h., der Vorschlag wird gemacht und umsetzt, das Spiel wird verlängert oder abkürzt, der Spielreiz verstärkt oder abgebaut.

Kleinkinder bewegen sich in einer *Gefühlsschaukel,* die sich zwischen eigener Neugier und Deckung suchend bewegt. Beim Springen und Toben wird deutlich, dass das Gerade-noch-gefangen-werden oder das Werfen in die Höhe nur dann als Spiel positiv erlebt wird, wenn die vom Kind gesetzten Grenzen nicht überschritten werden. Um das Leistungslimit zu berücksichtigen, sind Spielpausen einzuhalten.

Das Abrupte und das Unmittelbare schärft die Wahrnehmungsfähigkeiten und gibt den Impuls, darauf zu reagieren. Doch Vorsicht: Auch spaßhaft gemeintes Erschrecken hat seine Grenzen. Das gilt sowohl für den Beginn als auch für das Ende. Um das Kind nicht zu enttäuschen, wird es systematisch auf das Spielende vorbereitet (ankündigen: „Noch dreimal, dann ist Schluss!") und kann sich bis dahin emotional noch entladen.

Hier einige Vorschläge zum Spielen mit einer Fülle unterschiedlicher Materialien, um die Kinder in Motorik, dem Gleichgewicht, sozialem Verhalten und geistig zu aktivieren:

◆ Inhalt-Behälter-Spiele: Körbe ein- und ausräumen; Kübel mithilfe von Schüsseln füllen und ausleeren.
◆ Transportspiele: Bauklötze auf einem Brett bringen und holen; Schwimmbretter auf einer Schwimmmatte stapeln und wieder abladen; Einsammeln von Geräten.
◆ Such- und Fangspiele: Materialien (z.B. Seil) im Spiel mit einem oder mehreren Eltern-Kind-Paaren suchen und haschen.
◆ Stapelspiele: Stapeln von bunten Bechern, Tennisringe auf einen Stab oder den Arm des Kursleiters aufstecken; Kugeln auf eine Leine auffädeln oder Bälle in ein Rohr sammeln, Türme (vertikal) mit Klötzen bauen, Pullbuoys oder Schwimmbretter auf einer Matte übereinander legen.
◆ Versteckspiele: Gegenstände bzw. Personen unter Schwimmbrettern, hinter Matten und unter umgedrehten Swimmingpools oder hinter einer mit Tüchern behängten Leine verstecken und suchen.
◆ Kreisspiele: Teile auflesen, weitergeben oder -schieben sowie zu- und wegwerfen. Kinder werden von Eltern im Kreis weitergereicht.
◆ Gruppen- und Kontaktspiele: Einander berühren (z.B. Kuddelmuddel, enger Kreis), anschieben (z.B. Eisenbahn), tragen, an die Hand nehmen, sich an des anderen Schultern hängen.
◆ Wasserspiele: Wasser spritzen, schöpfen, tropfen, aufschäumen, in Gefäßen weitergeben. Wellen, Strömung, Strudel erzeugen.
◆ Funktionsspiele: Mit Suppenlöffel rühren (Suppe kochen); Schwimmbeckenrand mit Schwämmen putzen. Mit einem Kochlöffel hämmern, Dosen öffnen, Wasser einfüllen; Dosen schließen und ins Regal (Beckenrand) abstellen.

Bewegungsraum Wasser

◆ **Fingerspiele:** Abzählreime, Verse und Lieder demonstrativ unter Mithilfe von Händen und Füßen, Fingern und Zehen sprechen und singen, dabei das Kind stets uneingeschränkt einbeziehen.

◆ **Zuordnungsspiele:** Gegenstände nach Farbe, Form oder Größe (ab 2,5 Jahren nach Mengen) sortieren und ordnen, Steck- und Puzzlespiele, Bilder erkennen.

◆ **Konstruktionsspiele:** Puzzleteile aneinander reihen, Bauklötze aneinander und übereinander setzen (vertikal und horizontal).

◆ **Symbolische Spiele:** Schwimmtiere trinken Wasser und tauchen, Puppen springen vom Beckenrand.

Beliebte Laufspiele im Raum sind:

◆ **Rettet euch ... (ins Haus):** Wenn der Kursleiter mit Wasser zu spritzen beginnt, suchen alle Teilnehmer unter den auf den Beckenrand plazierten Schwimmmatten Schutz.

◆ **Rettet euch ... (auf die Insel):** Wenn der Kursleiter als Krokodil abtaucht, suchen alle Kinder Schutz auf der Matte.

◆ **Wetterspiel:** Es tröpfelt (Teilnehmer lassen das Wasser von den Fingern tropfen), es regnet (Teilnehmer werfen das Wasser in die Luft), es stürmt (Kinder schäumen das Wasser mit Armen und Händen auf oder die Eltern ziehen die Kinder nach rechts und links durch das Wasser), es blitzt (alle Verlassen das Wasser und setzen sich auf den Beckenrand) und dann kommt die liebe Sonne wieder hervor (alle springen wieder hinein ins Wasser).

◆ **Vier Wände, viel Farben:** Jeder Beckenrand ist mit einem farbigen Gegenstand oder Markierungshütchen gekennzeichnet. Der Kursleiter stimmt einen Vers an „wir woll'n nun geh'n, wir woll'n nun steh'n und uns am roten Beckenrand seh'n".

◆ **Motor an und Motor aus:** Die Kinder sitzen Huckepack auf dem Rücken der Eltern. Die Funktionsstufen Motor an und Motor aus werden durch das Strampeln der Kinder und das Vorwärtslaufen bzw. Anhalten der Eltern in Bewegungshandlungen umgesetzt. Das Bewegungsspiel kann in gleicher Weise für die Bewegungsanregung der Arme eingesetzt werden. Dabei werden die Kinder im Trophäengriff gehalten und zum Baggern oder Paddeln der Arme aufgefordert.

Mit Bällen in der Gruppe spielen:

◆ **Haltet das Feld frei:** Zwei Gruppen werfen oder schieben jeweils Bälle aus ihrem Feld heraus in das Feld der anderen. Auch als Ball-über-die-Schnur-Spiel abzuwandeln.

◆ **Eierbecher füllen und leeren:** Eine Gruppe platziert die im Schwimmbecken verteilten Bälle in die auf Brettern oder dem Beckenrand stehenden Schüsseln. Die andere Gruppe leert die Schüsseln aus.

◆ **Weitergeben:** Ein Ball wird im Kreis nach rechts weitergegeben und auf Kommando angehalten und in die andere Richtung gegeben. Dazu wird der Vers gesprochen: „Der Ball läuft um, der Ball läuft um, Achtung jetzt geht's anders herum".

◆ **Alles raus:** Im Schwimmbecken verteilt Bälle werden nach draußen geworfen. Sind alle Bälle außerhalb des Beckens werden die Kinder aufgefordert, herauszuklettern und diese wieder hineinzuwerfen.

◆ **Feuerleiterballtransport:** Aus einem großen Kübel an einem Beckenrand werden die Bälle herausgeholt und durch Weitergeben in einer Reihe zu einem zweiten großen Kübel auf der anderen Beckenrandseite hin befördert.

6.2.8 Rituale und Lieder

Begrüßung
„Wir stehen hier im Kreis, ja, das sind wir,
und schaut euch einmal um, wer ist denn hier?
Die ...(Name) ist hier und der ... (Name) ist hier,
und alle miteinander, das sind wir."

„Hallo, Kinder, hallo, Kinder, wir *winken* uns zu,
hallo, Kinder, hallo, Kinder, erst ich und dann du.
Die ... (Name), die ist da, der ... (Name), der ist da, die ... (Name), die
ist da, und der ... (Name), der ist da.
Hurra, hurra, dann sind wir alle da."
(Winken ersetzen durch Spritzen, Strampeln u.a.)

„Herhör'n, hallo, herhör'n, hallo, herhör'n, hallo,
jetzt fangen wir alle an.
Fangen miteinander an, -ander an, -ander an,
fangen miteinander an, mit-ein-ander-der an."

„Kommt her zu mir, kommt her zu mir,
wir wollen *schwimm'n*, kommt her zu mir,
ich rufe die ... – (Antwort): ich bin schon da,
kommt her zu mir, wir schwimmen hier."
(Schwimmen ersetzen durch Hüpfen, Strampeln u.a.).
(Melodie: „Der Hahn ist tot")

„Hal-lo, hal-lo, kommt doch schnell her,
lasset uns singen, tanzen und schwimmen,
hal-lo, hal-lo, kommt doch schnell her."
(Melodie: „Ku-ckuck, ku-ckuck, ruft's aus dem Wald")

„Ich ging einmal zum Schwim-men, Schwim-men, Schwim-men,
ich ging einmal zum Schwim-men und traf ein anderes Kind.
Dann schwammen wir zusam-men, zusam-men, zusam-men,
wir schwammen dann zusam-men und traf'n ein anderes Kind.
Dann schwammen wir zusam-men, zusam-men, zusam-men, ..."
(Melodie: „Sing man tau von Herrn Pastor sin Kauh")

Raumgewöhnung und Kreislauf anregen

„Eisenbahn, Eisenbahn, fahr doch nicht so schnell voran,
nimm uns mit, nimm uns mit, nimm uns mit.
Tut, tut, tut ..." *(summen)*.

„Es schwimmt ein kleiner Wassermann im Schwimmbad hier herum,
er planscht mal hier und planscht mal da und dreht sich einmal um.
Er schwimmt durchs Wasser hin und her, mal hoch, mal tief, will immer mehr,
es schwimmt ein kleiner Wassermann im Schwimmbad hier herum.
Es schwimmt ein kleiner Wassermann im Schwimmbad hier herum,
er planscht mal hier und planscht mal da und dreht sich einmal um.
Schwimmt in die Mitte, guck mal an, da ist ja noch ein Wassermann,
es schwimmen viele Wassermänner im Schwimmbad hier herum."
(Melodie: „Es tanzt ein Bi-Ba-Buzelmann")

„Wir fahren mit dem Wasserzug, Wasserzug, Wasserzug,
wir fahren mit dem Wasserzug, und alle fahren mit.
Wir fahren bis nach Hüpfstadt, Hüpfstadt, Hüpfstadt,
wir fahren bis nach Hüpfstadt, und alle hüpfen mit."
(Bewegungen: Hüpf(en) ersetzen durch Drehen, Springen o.a.)

„Das ist ein Wasserkrauler, ein ganz schön fauler,
doch plötzlich wird er wach und schlägt ganz mächtig Krach,
lässt Wellen klatschen und Wasser platschen und
zwickt dich in den Zeh, das tut kein bisschen weh!"

„Wir wandern, wir wandern, von einem Ort zum ander'n
und treffen jemand ander'n."
Oder:
„Wir wandern, wir wandern, von einem Ort zum ander'n
und treffen uns im Kreis."

„Komm, wir wollen hüp-fen, hüp-fen, hüp-fen,
komm, wir wollen hüp-fen, hüp-fen hier im Kreis.
Tral-la-la, tral-lal-la, Hüpfen das ist wunderbar,
tral-la-la, tral-lal-la, Hüpfen ist so wunderbar."
(Bewegungen: Hüpfen ersetzen durch Planschen, Klatschen, Strampeln)

„Alle meine Kinder schwimmen hier umher,
strampeln mit den Beinen, strampeln ist nicht schwer."
(Melodie: „Alle meine Entchen")

„Das Auto macht tut-tut, das Auto macht tut-tut,
das Auto macht, das Auto macht, das Auto macht tut-tut.
Mal schleicht es wie ne Schnecke, dann flitzt es um die Ecke,
das Auto macht, das Auto macht, das Auto macht tut-tut."
(Melodie: „Ein Jäger aus Kurpfalz")

„Wir schaukeln und wiegen
und fangen an zu fliegen."

„Zehn kleine Zappelmänner zappeln hin und her,
zehn kleinen Zappelmännern fällt das gar nicht schwer.
Zehn kleine Zappelmänner zappeln rauf und runter,
zehn kleine Zappelmänner werden jetzt gleich munter.
Zehn kleine Zappelmänner spielen jetzt Versteck,
zehn kleine Zappelmänner sind auf einmal weg.
Zehn kleine Zappelmänner rufen laut hurra,
zehn kleine Zappelmänner sind nun wieder da."

Wassergewöhnung – der Körper erspürt Wasser – Vorbereiten zum Tauchen

„Meine Augen sind verschwunden, ich habe keine Augen mehr,
ei, da sind die Augen wieder tral-lal-lal-lal-lal-lal-la."
(Bewegung: Augen ersetzen durch andere Körperteile.)

„Wir planschen, wir planschen und fangen lustig an.
Wir planschen, wir planschen und fangen lustig an.
Und wenn das Händchen nicht mehr kann, dann kommt sogleich das Füßchen dran.
Wir planschen, wir planschen und fangen lustig an."

„Alle meine Kinder spritzen sich heut nass, spritzen sich heut nass,
pitsche-pitsche-patsche, ei, was macht das Spaß."
(Melodie: „Alle meine Entchen")

„Hände waschen, Hände waschen, das kann jedes Kind,
Hände waschen, Hände waschen, bis sie sauber sind.
Und wenn die Hände sauber sind, und es ist kein Handtuch da,
dann müssen wir sie schütteln, schütteln, schütteln,
dann müssen wir sie schütteln, bis sie trocken sind."

„Es tröpfelt, es regnet, es gießt, es stürmt – und kracht,
und ist der Schauer vorbei, die Sonne wieder lacht."
(Bewegung: Auf das Wasser patschen. großer Armkreis vor dem Körper.)

„Wozu sind die Hände da, Hände da, Hände da?
Hände sind zum Patschen da – Pat-schen da."
(Bewegung: Hände und Patschen ersetzen z.B. durch Füße und Strampeln.)

„Alle Kinder strampeln jetzt, strampeln jetzt, strampeln jetzt,
alle Kinder strampeln jetzt, stram-peln jetzt."

„Neptun ruft alle Frösche: ‚Quak, quak'."
(Bewegung: Eltern springen mit Kind.)
Oder:
„Neptun ruft alle Blubberfische: ‚Blubb, blubb'."
(Bewegung: Eltern und Kindern atmen auf die Wasseroberfläche aus.)
Oder:
„Neptun ruft alle Delfine: ‚Hecht, hecht'."
(Bewegung: Kinder gleiten gehalten durch das Wasser.)
Oder:
„Neptun ruft alle Haubentaucher: ‚Tauch, tauch'."
(Bewegung: Kinder und Eltern tauchen.)

„Fährt ein Schiffchen übers Meer, schaukelt hin und schaukelt her,
kommt ein großer Sturm, kippt das Schiffchen um – plum."

Gymnastik
„Beweg dich, beweg dich und mach mit,
beweg dich, beweg dich, das hält fit,
beweg die Arme, Beine, Schultern, Kopf und auch den Bauch,
beweg dich, beweg dich, das hält fit."

„Macht es alle so wie ich, so wie ich, so wie ich.
Denn was anderes gilt nicht; jetzt geht's los.
Ja, ja, gerade so, ja, ja, gerade so,
ja, ja, ja, gerade so wird's gemacht."

„Es gingen zum Tanz der Herr Plinz und der Herr Planz.
Erst gingen sie nach links, dann gingen sie nach rechts,
dann machten sie so, und dann strampelten sie froh."
*(Bewegung: Beine erst führen, dann anbeugen, strecken und stram-
peln.)*

„Hoppe, hoppe, Rössle,
in Kölle steht ein Schlössle,
drinnen steht ein Puppenhaus,
da schau'n drei hübsche Mädchen raus,
die Erste ruft: ‚Komm her zu mir'
die Zweite ruft: ‚Geh weg von mir'
die Dritte ruft: ‚Ins Wasser mit dir.'

Unterrichtsausklang und Verabschiedung
„Tschu, tschu, tschu, die Eisenbahn,
der (die) ... *(Name)* will nach Hause fahr'n,
alleine fahren mag er (sie) nicht,
drum nimmt er (sie) sich den (die) ... *(Name)* mit."

„Wir klatschen auf das Wasser, bevor wir geh'n,
und sagen uns und sagen uns: Auf Wiederseh'n.
Wir kitzeln unseren Nachbarn, bevor wir geh'n,
und sagen uns und sagen uns: Auf Wiederseh'n."

„Kleine Maus und großer Bär,
schaukeln hin und schaukeln her."

„Erst die rechte, dann die linke,
machen beide winke, winke.
Und zum guten Schluss,
gibt's für ... *(Name)* einen dicken Abschiedskuss."

„Ri-Ra-Rutsch, wir fahren mit der Kutsch.
Die bringt uns heim, geschwind, geschwind,
weil wir schon alle müde sind.
Ri-Ra-Rutsch, wir fahren mit der Kutsch."

„Leise, leise, wie die Katzen schleichen,
leise, leise, wie die Katzen schleichen,
kommt eine kleine Maus
– rufen alle Katzen: ‚Miauuuhhh'."
Oder:
„Leise, leise, wie die Störche schreiten,
leise, leise, wie die Störche schreiten,
kommt eine kleine Maus
– rufen alle Störche: ‚Klapper, klapper'."

„Es war einmal ein alter Mann, der hatte einen Hund.
Bin-go, Bin-go, Bingo heißt sein Hund,
B-i-n-g-o."
*(Bewegung: Die Kinder erst im Kreis nach innen schieben, dann weichen
alle auseinander.)*
Oder:
„Es war einmal ein Hund, der Bingo wurd genannt,
es war einmal ein Hund, der Bingo wurd genannt,
B-i-n-go, B-i-n-g-o, B-i-n-g-o, Bingo war sein Name.
B-i-n-g-o."
*(Bewegung: Die Kinder werden im Kreis gehalten und aufeinander zuge-
schoben.)*

„Auf Wiederseh'n, auf Wiederseh'n,
mit euch zu schwimm'n, war so schön.
Drum gibt es jetzt zum guten Schluss
für alle einen Abschiedskuss."
(Bewegung: Kursleiter schickt Handkuss in die Kreisrunde.)

„Ringel, Ringel, Reihe, im Kreis sind mehr als dreie,
wir sagen jetzt auf Wiederseh'n, gemeinsam war es wieder schön.
Ade, Mama, ade, Papa, ringele ringele hop-sa-sa."

„Eins, zwei, drei – das Schwimmen ist vorbei.
Alle Leute, groß und klein, räumen jetzt das Spielzeug ein,
eins, zwei, drei – das Schwimmen ist vorbei."

6.2.9 Entspannungsmöglichkeiten im Wasser

„Die Ruhe ist die natürliche Stimmung eines wohlgeregelten,
mit sich einigen Herzens"
(WILHELM VON HUMBOLDT).

Nach harter Arbeit verlangt der Körper danach, für kurze oder längere Zeit entlastet zu werden und sich auch nach geistigem Ermüden entspannen zu können. Es gilt, das Erlebte zu verarbeiten und nach dem Austoben Zufriedenheit einkehren zu lassen. Als wohltuend wird empfunden, wenn die Entspannungsphase mit einem Ritual ausklingt. In harmonischer Umgebung kommen Körper, Geist und Seele zur Ruhe und alle Beteiligten (Kursleiter, Eltern, Kinder) können innerlich auftanken. Weil sich Kinder allgemein an ihre Bezugsperson anlehnen, ist es wichtig, dass die Erwachsenen – nicht zuletzt auch für sich selbst – schrittweise dieses Ritual mitvollziehen, um die entspannende Wirkung zu erfahren. Das Erlernen von Entspannung fällt nicht mehr unter Kinderspiel, ist jedoch spielerisch einzuüben.

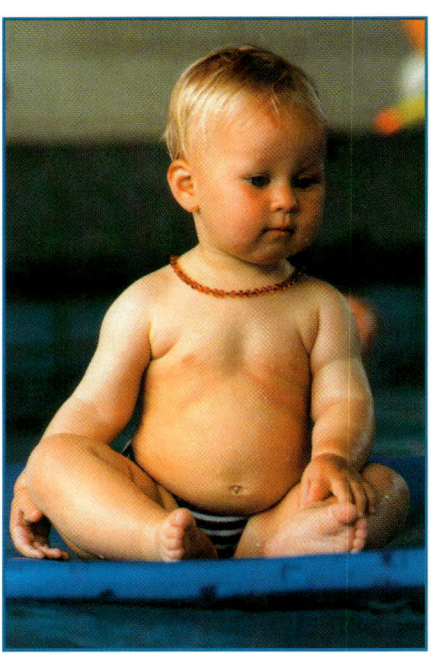

Wenn die erforderlichen Rahmenbedingungen (z.B. kein Lärm, keine Unruhe außerhalb des Beckens, angenehme Wassertemperatur, eventuell Licht reduziert) vorliegen, startet der letzte Abschnitt. Der Kursleiter beginnt, die Aufmerksamkeit und Stille bei der Gruppe im engen Kreis einzuleiten *(Ruhetönungsphase)*. Dann beschreibt er die Stellung für die Lage des Kindes und für die Eltern. Im Wasser werden dazu allgemein die Haltungen des *Relaxgriffs* oder der *Armwiege* mit Unterstützung in den Kniekehlen eingenommen, oder Eltern und Kinder legen sich im Wasser auf Matten oder Poolnoodles. Die zeitliche Grenze sollte bei 5-10 Minuten liegen, weil der Körper im Wasser nach dem Toben sehr schnell auskühlt.

Die Atmung beruhigt sich, die Spannung soll sich mittels des persönlichen Hineinfühlens in eine bildhafte Vorstellung abbauen *(Entspannungsphase)*, die Wärme, Schwere, Ruhe, Geborgen- und Vertrautheit als auch Wohlgefühl aufkommen lässt, ähnlich dem ungestörten Liegen und Umhülltsein im weichen Bett oder warmen Sand.

Das Abdunkeln des Raums oder der Augen verringert die visuellen Reize, welche die Umgebung ständig bereithält, und hilft, sich auf den Körper zu konzentrieren. Neben bildhaften Vorstellungen können ruhiges Einreden („Du bist ganz ruhig.") oder bewusste An- und Entspannungsübungen von Muskelgruppen oder Körperregionen (progressive Muskelrelaxion) eine entspannende Wirkung erzielen.

Nach der Entspannungsphase soll der Kursleiter die Aufgabe wieder zurücknehmen, den Körper und den Geist der Teilnehmer wieder in die reale Umgebung zurückholen und ihren Kreislauf durch Übungshinweise aktivieren *(Rücknahmephase)*. Sich recken und strecken, gähnen und Grimassen schneiden, das Schütteln und Massieren von Körperteilen helfen, den Körper zu reaktivieren, sodass sich sowohl Herz- und Atemfrequenz als auch Blutdruck normalisieren.

Der Unterricht wird ganz bewusst ohne nachträgliche Turbulenzen beendet, damit das Kind nach dem intensiven Bewegen nun ruhig in den Schlaf findet.

Gelegentlich findet ein Eltern-Kind-Paar nicht die nötige Ruhe. Das Herunterregeln lässt sich nicht erzwingen, zumal es auch sehr stark tagesformbedingt ausfällt. In einem solchen Fall sollte eine alternative Spielmöglichkeit etwas abseits angeboten werden, um den harmonischen Gesamtablauf nicht zu beeinträchtigen. Für die Auswahl der geeigneten Methode ist das situative Gespür des Kursleiters gefordert.

Beispiele für spielerische Entspannungsübungen für Kleinkinder beim Schwimmen wären:

◆ Entspannen bei Kerzenlicht im Kreis (in durchscheinenden bunten Plastikbechern):

   – Liedvers: *„Diese Kerze macht die Runde,*
      schließ deine Augen und den Munde.
      Sei ganz müde, komm zur Ruh,
      so ruht dein Körper aus im Nu."
      (Frontalkreis, Relaxgriff, Sitzhalte, Eltern schwingen ihren Körper hin und her.)

◆ Entspannen nach körperlicher Anspannung

   – Kontrastübungen: Laut und leise (Strampeln und Stille).
   – Progressive Muskelrelaxion: Besenstiel und Gummipuppe (steif und locker).
   – Sturm und ruhige See (Hände durchwühlen bzw. streicheln das Wasser).

◆ Entspannen bei Musik

   – Musik im Atemrhythmus (60 Schläge/Minute).
   – Leisespiel, Musik verklingt.

◆ Entspannen durch Massage (vgl. AHR 1989)

   – Streichungen (die flache Hand vom Bauch, Rücken, Beinen und Armen herzwärts über den Körper fortbewegen).
   – Schüttelungen (mit rollenden und vibrierenden Bewegungen wird das Gewebe für wenige Sekunden aufgelockert).
   – Zirkelungen (mit einer oder beiden Händen kreisförmiges, klein- und großflächiges Streichen).
   – Wettermassage (die Hände setzen Sonne, Regen, Hagel und Wind massagetechnisch in Form unterschiedlicher Berührungsintensitäten um).
   – Massagegeräte (Füße kann man außer mit dem Daumen, auch mit einem Multivitaminröhrchen oder dem Igelball massieren).

◆ Entspannen bei Geschichten, Bildern, Nachahmen von Tieren

   – Puppengeschichte vorspielen („Der kleine, müde Bär sucht eine Höhle.")

– Bewegungsgeschichte erzählen (Bewegungen von aktiv bis passiv mitvollziehen).

◆ Entspannen durch Schaukeln und Wiegen
   – Vers: *„Ganz still liegen, Augen zu,*
   finde so in mir die Ruh',
   Arme werden jetzt ganz schwer,
   das Wasser trägt mich mehr und mehr."

◆ Entspannen durch bewusstes Atmen
   – Lokomotive – geräuschvoll stoßend ausatmen; tiefes Einatmen.
   – Eltern legen sich das Kinder auf ihre Brust und atmen – den Brustkorb deutlich hebend und senkend – ein und aus.
   – Eltern atmen tief auf die Haut des Kindes aus.

◆ Stilleübungen nach Geräuschen
   – Wassergeräuschen lauschen (Regentropfen)
   – Liedvers: *„Leis, leis, leis – so schließen wir den Kreis,*
   wir wollen jetzt mal hören, was wir so alles hören,
   wir schließen jetzt den Kreis – leis, leis, leis."
   (Organisation: Händekreis in der Gruppe)

6.3 Schwimm- und Auftriebshilfen

Das Thema *Schwimmhilfen* wird im zweiten und dritten Jahr in Eltern-Kind-Kursen aktuell. Zunächst sollten die Eltern über Vor- und Nachteile sowie den Einsatz von Schwimmhilfen aufgeklärt werden, bevor sie über deren Vielzahl, Art und Preis informiert werden.

Es wird unterschieden zwischen *Schwimmhilfen* (z.B. Schwimmflügel), d.h. Geräten, die am Körper des Kindes befestigt werden, und *Auftriebshilfen* (z.B. Schwimmbrett), d.h. losen Schwimmkörpern oder -geräten, an denen sich das Kind festhalten oder worauf es sich legen kann, um seine Lage an der Wasseroberfläche unterstützend zu sichern. Ausdrücklich zu betonen ist, dass beide Hilfsmittel keine umfassend lebenssichernde Funktion gewährleisten.

Die Eltern *müssen* ihr Kind fortwährend beobachten und beaufsichtigen (vgl. Kap. 1.3), erst viel später, wenn das Kind deutlich an Beinkraft gewonnen hat, können auch *Bewegungshilfen* (z.B. Schwimmflossen) eingesetzt werden, die es dem Kind ermöglichen und es motivieren, sich schneller und weiter fortzubewegen. Die Beine im Ristschlag oder auch Kick zu bewegen, wird in der Ausführung verbessert.

Im Handel sind folgende Schwimmhilfen allgemein erhältlich:

◆ Aufblasbare Schwimmflügel, Schwimmmanschetten, Schwimmscheiben mit Luftkammern und Styropor- oder Schaumgummikern oder auch aus Schaumstoffvarianten *(z.B. Schwimmfix, Kraulquappen, Delfin-Scheiben, BEMA-Schwimmflügel).*

◆ Schwimmreifen in runder, ovaler oder hufeisenförmiger Form in verschiedenen Größen; Ausführungen mit Seitenstabilitäten, Kinnauflagen, Halterungen oder Innensitzen *(z.B. Swimstar, Swimtrainer).*

◆ Schwimmwesten oder Schwimmanzüge, unterschiedlich ausgestattet: z.B. mit und ohne Kopfkragen, mit und ohne Beingurt, mit aufblasbarem Rücken- und Bauchkissen oder in den Westenstoff eingearbeiteten und herausnehmbaren Schaumstoffkörpern.

◆ Schwimmei oder Schwimmbügel aus Kunststoff oder aus Schaumstoffvarianten mit Gewebeband als Gürtel.

◆ Schwimmgürtel oder Schwimmkorken bestehen aus Kunststoff, Kork oder Schaumstoff und sind mit einem Gewebeband als Gürtel anzulegen.

◆ Schwimmkissen (SCHLORI) aus Leinenstoff mit Bändern und Schnalle zum Befestigen und individueller Anpassung an den Umfang des Brustkorbs. Die Kissen liegen rückwärtig an den Schulterblättern.

Die Hersteller kennzeichnen ihre Artikel mit einem empfohlenen Altersbereich, der häufig ein maximales Alter, weniger ein Mindestalter festlegt. Dabei ist jedoch vielmehr das Körpergewicht maßgeblich, weniger die motorisch-koordinativen Fähigkeiten des Kindes.

Gerätebezeichnung

Schwimmflügel oder Schwimmmanschetten

Schwimmreifen

Schwimmweste oder -anzüge

Schwimmei oder -bügel

Schwimmgürtel oder -korken

Schwimmkissen

Spezielle Artikelbezeichnung	Vom Hersteller empfohlenes Anfangsalter
Schwimmfix	Bis 1-4 Jahre
Schwimmmanschetten	Ohne Angabe
Schwimmscheiben (Delfin)	Bis 12 Jahre
Schwimmflügel	Bis 18 Monate
Offener Ring	Bis 4 Jahre
Ovaler Ring mit Seitenstabilität und Kinnauflage	Bis 1 Jahr Bis 6 Jahre
Hufeisenförmiger Ring mit Halterung (Swimstar)	3 Monate-4 Jahre
Ring mit Innenweste (Schwimmtrainer)	3 Monate-4 Jahre
Ring mit Babysitz (Babysitter)	3 Monate-4 Jahre
Weste mit und ohne Kragen und Beingurt	3-4 Jahre
Schwimmanzug mit aufblasbarem Bauch- und Rückenkissen (Floaties)	2-4 Jahre
Badeanzug mit Einstecktaschen für Schaumstoffauftriebskörper	2-4 Jahre
Kunststoffbügel mit zwei luftgefüllten Treibern oder Gewebebandgürtel mit einem luftgefüllten Treiber	2,5-4 Jahre
Auf Seil oder Gewebeband in Gürtelform aufgefädelte Kork-, Schaumstoff- oder luftgefüllte Kunststoffklötze, die z.T. reduzierbar sind	2,5-4 Jahre
Zwei Leinenkissen, deren Fäden im Wasser aufquellen und zu Kissen aufgeblasen mit Bändern in Gürtelform um den Brustkorb befestigt werden (Schlori)	2,5-4 Jahre

Ausgehend von dem primären Anliegen, dass das Schwimmen der Bewegungsförderung und dem intensiven interaktiven Handeln zwischen Eltern und Kind dienen soll, würden von Beginn an eingesetzte Schwimmhilfen dieses Ziel von vornherein zunichte machen. Von daher sollen Schwimmhilfen frühestens mit dem Erwerb der Stützfähigkeit des Kindes (~ zehn Monate mit dem Krabbeln) eingesetzt werden, und dies auch stets nur für eine kurze Zeitspanne, um Kinder und ihre Eltern nicht daran zu gewöhnen.

Bedenken wir, die Schwimmhilfen verhindern, dass Eltern und Kinder sich *natürlich* mit dem Wasser auseinander setzen. Die Schwimmhilfen täuschen eine vermeintliche Sicherheit und ein Können vor, zu dem Kleinkinder noch nicht fähig sind: Eltern unterliegen mitunter dem Trugschluss, ihr Kind in Sicherheit zu wiegen, entfernen sich und beaufsichtigen es nur noch sporadisch. Oder Kinder entfernen sich von ihren Eltern, in der Annahme, sie könnten bereits allein schwimmen.

Die Verführung ist sehr groß, dass die gegenseitige Abhängigkeit, die Notwendigkeit des Abstimmens und das Vertrauen in den anderen, nicht mehr zwingend zu beweisen seien. Die technischen Hilfsmittel stellen in diesem Falle keinen elterlichen Ersatz dar, sondern haben lediglich eine unterstützende Funktion.

Sie geben Eltern wie Kindern zwar gewisse Freiheiten des Sichbewegens, des Nicht-mehr-halten-und-tragen-müssens und können, wenn der Auftrieb allmählich reduziert wird, den individuellen Lernprozess unterstützen. Fraglich ist, ob das Kind in geeigneter Weise erfährt, wie es seine Fähigkeiten verbessern und der Tragkraft des Wassers vertrauen lernen kann.

Elterlicher Körperkontakt wird unter realen Bedingungen – also ohne Fremdmittel – mit dem Alter angemessenen

Lernschritten verknüpft; die Körperlage des Kindes wird dabei nicht verändert, und die Eltern helfen flexibel und variierend, zumal Letztere im Laufe eines Kurses selbst erfahren, wo und wie sie am günstigsten unterstützen.

Im praktischen Beweis wird deutlich, wie sich geeignetes Handling der Wasseroberfläche, Kraft und Körperlage geschickt anpasst, die Bewegungsfreiheit des Kindes nicht einschränkt und Greif- und Überkreuzbewegungen ermöglicht, die für eine gesunde Entwicklung der Bewegungskoordination maßgeblich sind.

Erst für Momente und sich dann nach und nach steigernd erlebt das Kind eigenständiges Fortbewegen mit der eigenen Wahl von Richtung und Lage.

Auftriebshilfen sind nicht nur von Bedeutung, um den Lernprozess zu unterstützen, sondern sie wecken auch wegen ihrer Schwimmeigenschaften das kindliche Interesse. Sie unterstützen das noch nichtschwimmfähige Kleinkind bei dem Bemühen, eine Schwimmlage an der Wasseroberfläche einzunehmen und helfen, Spiele und Übungen abwechslungsreich gestalten.

Einsetzbar sind:
◆ Schwimmbretter und geformte Schwimmtiere in Brettform,
◆ Schwimmmatten als Schwimmflöße und Laufbrücken,
◆ Schwimmsprossen,
◆ Schwimmleinen, Bojen oder *Baumstämme,*
◆ Pullboys oder Schwimmhanteln und
◆ Poolnoddles mit Verbindungsstücken.

Auch andere aufblasbare oder aus Plastazote hergestellte Geräte kommen zum Einsatz, sofern sie ein Festhalten und Stützen des Körpers ermöglichen. Bei der Auswahl ist vorher darauf zu achten, dass die Geräte auch der Körper- und Handgröße, dem Körpergewicht und den motorisch-koordinativen Fähigkeiten der Kinder entsprechen.

Da die Kinder sich häufig nur für kurze Zeit an den Geräten festhalten und auch leicht die Balance verlieren (kippen), was den spielerischen

Reiz ausmacht, ist vor dem Einsatz dieser Mittel zunächst erst wieder der Kursleiter gefordert, zu organisieren und zu erklären, wie die Übung ablaufen (eventuell Bewegungsrichtung), wie gesichert werden und wer helfen soll.

IV ANHANG

7 Literaturhinweise, Quellen- und Bildnachweise

AHR, B. (1989): Babymassage. Wohlbefinden und Ausgeglichenheit für ihr Kind. Stuttgart.

AHR, B. (2000): Schwimmen mit Babys und Kleinkindern. Stuttgart.

AHRENDT, L. (2000a): Das Tauchen beim Säuglingsschwimmen. In: DANIEL, K./WILKE, K. (Hrsg.): Symposiumsbericht der 2. Kölner Schwimmsporttage 1999. Köln, 186-197.

AHRENDT, L. (2000b): Das Tauchen beim Säuglingsschwimmen. In: DANIEL, K. (Red.): Symposiumsbericht zum 2. Kölner Schwimmsymposium 16./17.04.1999. Köln.

AHRENDT, L. (2001a): Motorische Frühstimulation durch Säuglingsschwimmen. Untersuchung der Wirkung regelmäßigen Wasseraufenthalts unter Berücksichtigung des mütterlichen Körperkonzepts. Univ. Diss.: Köln.

AHRENDT, L. (2001b): Säuglingsschwimmen. Theorie und Praxis des Eltern-Kind-Schwimmens im ersten Lebensjahr. Aachen.

AHRENDT, L. (2001c): Wassersicherheit durch Säuglingsschwimmen? Praxisworkshop und Vortrag auf dem Symposium der DLRG vom 15.-17.03.2001 in Bad Nenndorf. Manuskript eingereicht.

BRAZELTON, B. T. (1998): Kleine Schritte, große Sprünge. Ein Kind wächst auf. Stuttgart.

BRESGES, L. (1981): Schwimmen im ersten und zweiten Lebensjahr. In: DIEM, L. (Hrsg.): Kinder lernen Sport Bd. 1. München.

BRINTZINGER, I. (1991): Sauberkeitserziehung im Kindesalter. In: Deutsche Krankenpflege-Zeitschrift 44 (3), 190-192.

CHEREK, R. (1998): Säuglings- und Kleinkinderschwimmen. Ein Elternratgeber. Dortmund.

DIEM, L. (Hrsg): (1974): Kinder lernen Sport. Bd. 3. Sport im ersten bis dritten Lebensjahr. München.

DIEM, L. (1976): Bewegungsfähigkeit und Bewegungserziehung in der Frühlernperiode. In: HAHN, E./PREISING W.: Die menschliche Bewegung. Schorndorf, 80-92.

DIEM, L./LEHR, U./OLBRICH, E./UNDEUTSCH, U. (1980): Längsschnittuntersuchung über die Wirkung frühzeitiger motorischer Stimulation auf die Gesamtentwicklung des Kindes im 4.-6. Lebensjahr. Schriftenreihe des Bundesinstituts für Sportwissenschaft Bd. 31. Schorndorf.

DORSCH, F./HÄCKER, H./STAPF, K. H. (Hrsg.) (1994): Psychologisches Wörterbuch. Bern.

DÜFFEL von, John (2000): Vom Wasser. München.

FOUACE, J. (1980): Babies lernen schwimmen. Niedernhausen/ Ts.

GRAUMANN, D. (1996): Babyschwimmen. Ausführliches Hintergrundwissen über die Frühförderung von Babys im Wasser für Übungsleiter und Eltern. Praxiskurs Babyschwimmen in 25 Einheiten. Flintbek.

HAHN, E./PREISING, W. (1976): Die menschliche Bewegung. Schorndorf.

HAUG-SCHNABEL, G. (1990): Die Sauberkeitserziehung: Lernen oder Reifen? Eine biologische Herausforderung an die Sozialpädiatrie und die Elternbildung. In: Prävention 13 (2), 35-40.

HELLMICH, H. (1974): Schwimmen im dritten und vierten Lebensjahr. HUNT-NEWMAN, V. (1967): So lernen kleine Kinder schwimmen. München.

INTERVERBAND FÜR SCHWIMMEN (Hrsg.) (1989): Schweizerische Schwimmschule: Teil Vorschulschwimmen, Eltern-Kind-Schwimmen, Kinderschwimmen. Aesch.

JAKOBS, A. (1995): Spiele mit Kleinkindern. Ideen für Krabbelgruppe und Familie. Mainz, 42-82.

JENNER, U. (2000): Eltern-Kind-Schwimmen im zweiten Lebensjahr. Untersuchung der Auswirkungen eines regelmäßigen Wasserprogramms auf Wasservertrautheit. Dipl. Arb. Köln.

KELLERMANN, D. (1994): Spiele für Kleinkinder. Niedernhausen/ Ts.

KENNEL, L. (1978): Schwimmen ein Sport für alle. Hallweg: Bern.

KOCHEN, C./McCABE, J. (1986): The Baby Swim Book. Champaign/Ill.

LAMBIEL, J. (1998): Apprentissage aquatique de bébé. (Video). Oron-la-Ville (CH).

LARGO, R. H./GIANCIARUSO, M./PRADER, A. (1978): Die Entwicklung der Darm- und Blasenkontrolle von der Geburt bis zum 18. Lebensjahr. In: Schweizerische medizinische Wochenschrift 108 (5), 155-160.

LEIBER, B./SCHLACK, H. (1991): Baby-Lexikon. Ratgeber für Eltern gesunder und kranker Eltern. Stuttgart.

LEWIN, G. (1962): Schwimmen im Vorschulalter. Aus einem Forschungsvorhaben des Instituts für Schwimmsport der DHfK Leipzig. In: Deutscher Schwimmsport 9 (4), 16-18.

LORENZEN, H. (1969): Schwimmlehre. Baden und Schwimmen mit Kindern. Wuppertal.

Bewegungsraum Wasser

MEINEL, K./SCHNABEL, G. (1998): Bewegungslehre – Sportmotorik: Abriß einer Theorie der sportlichen Motorik unter pädagogischen Aspekt. Berlin.

MÖNKEMEYER, K. (1988): Schon Babys schwimmen mit Vergnügen. Wasserspaß mit Kindern bis sechs. Hamburg.

PAULI, S./KISCH, A. (1996): Was ist los mit meinem Kind? Bewegungsauffälligkeiten bei Kindern. Ravensburg.

PIGHIN, G./BRAUER, S. (1993): Das große Kinderförderprogramm. Freiburg.

PLOHN, H. (1990): Spiele für Kleinkinder. Perlen-Reihe.

POLLER, U. (1982): Untersuchung zum Fortschritt im Schwimmverhalten im 1. und 2. Lebensjahr am Beispiel der Säuglingsschwimmkurse der Deutschen Sporthochschule. Dipl. Arb. Köln.

RAABE-OETKER, A. (1998): Spiel und Spaß im Wasser – Babyschwimmen. Elternratgeber. Niedernhausen/ Ts.

SCHEID, V./PROHL, R. (1988): Kinder wollen sich bewegen. Bewegungsangebote in Wohnung und Halle für das Kleinkindalter. Dortmund.

SCHEWE, H. (1988): Die Bewegung des Menschen. Stuttgart.

SCHMITT, B. (1987): Motorische Diagnostik und Entwicklungsförderung durch Spiel und Bewegung beim Kleinkindern im Heim. In: Praxis der Psychomotorik 12 (3), 95-99.

SEILER, T. (1989): Erste Hilfe bei Säuglingen und Kindern. Was Sie über akute, lebensbedrohliche Situationen und bei Unfällen wissen müssen, um schnell und richtig zu handeln. Stuttgart.

STATISTISCHES BUNDESAMT (1999): VIII A 1 Gesundheit – Anzahl der Gestorbenen durch Unfälle durch Ertrinken und Untergehen. Pos.-Nr. W65-W74 der ICD-10. Deutschland. Bonn.

STOHLMANN, F. W. (2001): Nicht nur Eltern haften für ihre Kinder. In: Schwimmbad & Sauna 7/8, 64-66.

TROMBINI, G. (1970): Das Selbermachenwollen des Kindes im Bereich der Ernährung und Entleerung. In: Praxis der Kinderpsychologie und Kinderpsychiatrie 19 (1), 3-10.

WALKER, P. (1993): Babygymnastik. München.

WIELKI, C./HOUBEN, M. (1983): Descriptions of the Leg Movement of Infants in an Aquatic Environment. In: HOLLANDER, A.P. (Hrsg.): Biomechanics and Medicine in Swimming. International Series on Sport Science Vol. 14. Champaign/Ill., 66-71.

Bewegungsraum Wasser

WILKE, K. (1979): Anfängerschwimmen. Hamburg.

WINTER, R. (1981): Grundlegende Orientierungen zur entwicklungsgemäßen Vervollkommnung der Bewegungskoordination im Kindes-
und Jugendalter. 1. Teil: Kleinkind- und Vorschulalter. In: Medizin
und Sport 21 (7), 194-198.

ZENTRALINSTITUT FÜR DIE KASSENÄRTZLICHE VERSORGUNG IN DER
BUNDESREPUBIK DEUTSCHLAND (Hrsg.) (1991): Hinweise zur
Durchführung der Früherkennungsuntersuchungen im Kindesalter.
Köln.

Bildnachweis:

Alle Fotos, inklusive dem Titelbild stammen von Mathilde Kohl,
ausgenommen die Bilder von S. 75 (Colettei), S. 16, 26, 27 (Ahrendt),
S. 37 (Schmidt).
Grafiken: Markus Linden und Ulrike Bakiakas
Umschlaggestaltung: Birgit Engelen, Stolberg

8 Schlagwortverzeichnis

9 Adressen und Ansprechpartner

Dr. Lilli Ahrendt (Autorin)
Ernst-Moritz-Arndt-Str. 4
50354 Hürth
Tel. 02233-46668, Fax 02233-46668
E-Mail: l.ahrendt@t-online.de, Internet: www.eltern-kindschwimmen.de

Mathilde Kohl (Fotografin)
Siemensstr. 9
50825 Köln
Tel. 0221-5028390, Fax 0221-5028391
E-Mail: mathildekohl@netcologne.de

Für Zertifikat Kursleiter „Säuglings- und Kleinkindschwimmen":
Deutscher Schwimmverband/Deutsche Schwimmjugend
Korbacher Str. 93, 34132 Kassel
Tel. 0561-9408342, Fax 0561-9408345
E-Mail: spahl@dsv.de, Internet: www.dsv.de

Fortbildungsanbieter für Kleinkindschwimmen:
Deutsche Sporthochschule Köln
Fort- und Weiterbildungsstelle
Carl-Diem-Weg 6, 50933 Köln
Tel. 0221-4982-213, Fax 0221-4982-850
E-Mail: hanusa@hrz.dshs-koeln.de, Internet: www.dshs-koeln.de/f&w/

Schwimmverband Nordrhein-Westfalen
Postfach 10 14 54, 47014 Duisburg
Tel. 0203-7381633, Fax 0203-7381631
E-Mail: info@swimpool.de, Internet: www.swimpool.de

Schwimmverband Württemberg e.V.
Postfach 600651
70305 Stuttgart
Tel. 0711-336909-0, Fax. 0711-336909-69
E-Mail: geschäftsstelle@svw-online.com, Internet: www.svw-online.com

Deutsche Lebens-Rettungs-Gesellschaft (DLRG)
Bundesgeschäftsstelle
Bildungswerk
Im Niedernfeld 2
31542 Bad Nenndorf
Tel. 05723-955-423, Fax 05723-955-429
E-Mail: Ref.2.2@bgst.dlrg.de, Internet: www.DLRG.de

Lehrmittelverlage und Schwimmmittelbedarf
Epsan Sportgeräte GmbH
Am Müllerberg 1
38729 Lutter am Barenberge
Tel. 05383-8020 oder -30, Fax 05383-8040

Fratufa-Sportgeräte
Beindersheimer Straße 104
67204 Frankenthal
Tel. 06233-379370, Fax 06233-379399
E-Mail: info@fratufa.de, Internet: www.fratufa.de

Hauser Sportartikel
Zeppelinstraße 45
72119 Ammerbuch-Entringen
Tel. 07073-500038, Fax 07073-50039
E-Mail: info@sport-hauser.de, Internet: www.sport-hauser.de

Schwimmfix Vertrieb
Karin Bräunlich
Kopernikusring 64
92318 Neumarkt
Tel. 09181-220023, Fax 09181-220024

Schlori-Schwimmkissen
Bettina Martin
Wallhausstr. 45
55118 Mainz
Tel./ Fax 06131-632744

Sport Fahnemann
Oppelner Straße 6
31167 Bockenem
Tel. 05067-1061, Fax 05067-2311
E-Mail: info@sport-fahnemann.de, Internet: www.sport-fahnemann.de

Sport Thieme
Helmstedter Str. 40
38367 Grasleben
Tel. 05357-18181, Fax 05357-18190
E-Mail: info@sport-thieme.de, Internet: www.sport-thieme.de

Lehrmittel-Service
Ditzenbacher-Str. 26
73342 Bad Ditzenbach-Auendorf
Tel. 07334-96960, Fax 07334-969639
E-Mail: engelfried@lms.de, Internet: www.lms.de